68 혁명, 인간은 세계를 바꿀 수 있을까

차명식의 역사 강의 01

68혁명, 인간은 세계를 바꿀 수 있을까

발행일 초판2쇄 2021년 12월 20일 | 초판1쇄 2021년 5월 10일
지은이 차명식 | **펴낸곳** 북튜브 | **펴낸이** 김현경 | **편집인** 박순기 | **주소** 서울시 종로구 사직로8길 24 1221호(내수동, 경희궁의아침 2단지) | **전화** 02-739-9918 | **팩스** 070-4850-8883 | **이메일** booktube0901@gmail.com
ISBN 979-11-90351-77-5 03900

Booktube 북튜브 책으로 만나는 인문학강의 세상
북튜브는 북드라망의 강의-책 브랜드입니다.

68혁명, 인간은 세계를 바꿀 수 있을까

차명식 지음

Booktube 북튜브

책머리에

"68혁명이라고?"

68혁명을 주제로 한 강의를 해보고 싶다고 처음 말을 꺼냈을 때 내가 맞닥뜨린 것은 다소 당혹스러워하는 동료들의 표정이었다. 그리고 그런 반응은 사실 나로서도 어느 정도 예상했던 것이었다. 요즘 시대에는 이미 고색창연한 유물이 되어 미사여구로 쓰일 때조차 고리타분한 느낌을 주는 게 '혁명'이란 단어다. 게다가 68은 그 혁명들 중에서도 유명세로 따졌을 때 꽤 미묘한 위치에 있다. 어디선가 들어 본 것 같긴 한데 프랑스 대혁명이나 소비에트 혁명처럼 딱 듣자마자 머릿속에 그려지는 정도는 아닌.

그럼에도 불구하고 내가 끝끝내 68을 주제로 한

강의를 해야겠다고 밀어붙인 데에는 몇 가지 이유가 있었다. 하나는 68혁명을 이끌었던 그 수많은 사람들의 각양각색의 이야기를 다른 이들과도 꼭 나눠 보고 싶어서였다. 또 하나는 68을 통해 내가 다른 사람들에게 들려주고 싶은 주제들이 너무나 많았기 때문이다. 그리고 마지막 하나는, 그 이야기들이 지금 이 순간 우리가 마주하고 있는 구체적인 문제들과 매우 긴밀하게 연결되어 있다고 생각했기 때문이다.

처음 68혁명을 접했을 때 나는 마치 구기 스포츠의 '올스타전'을 보는 것 같은 느낌으로 그 이야기들을 읽어 나갔다. 1968년을 포함해 1960년대 후반부터 1970년대 초에 이르는 기간 동안 전 세계에서 온갖 주제들을 가지고 온갖 형태의 다양한 변화의 움직임이 있었고, 그 거대한 움직임들 속에서 누구나 한 번쯤은 들어 봤을 유명한 이름들이 줄줄이 나와 스치듯 지나간다. 체 게바라, 수전 손택, 마틴 루터 킹, 한나 아렌트…. 그 한 사람 한 사람 모두가 어렸을 적 읽었던 위인전이나 두꺼운 책들에 큰 글자로 실려 있던 이름들이었다. 그런 '거인'들조차 보통의 평범한 사람들처럼 서로 엮이고, 때로는 다투고, 고뇌하고, 나아가는 것이 68의 이야기였다. 또 평범한 대학생, 노동자, 주부였던 사람들이 역사의 '거인'들과 같은 무대에 서서 뒤엉켜 세계를 바꾸려 분투하는 것이 또한 68의 이야기였다.

그 때문일까. 68에 대해 알아 가면 알아 갈수록 마치 내가 그 대열의 한가운데에 속해 있었던 것처럼 느껴졌다. 만약 나였다면 어떻게 했을까, 이 사람들은 왜 이렇게 했었을까 하는 질문들을 끊임없이 던지게 되었다. 그러다가 문득 기묘한 기시감을 느꼈다. 68에서 이야기되고 있는 주제들, 세계를 바꾸기 위한 키워드로 던져지는 이야기들, 그 이야기들이 오늘날 우리를 둘러싸고 있는 수많은 어젠다들과 비슷하게 느껴졌다. 그 뒤 더 많은 자료들을 찾아 본 다음 나는 그 기시감이 결코 착각이 아니라는 결론에 이르렀고, 이 이야기들로 강의를 준비해 봐야겠다고 마음먹기에 이르렀다.

이 책을 있게 한 강의, 〈1968 : 인간은 세계를 바꿀 수 있을까〉는 본래 두 시즌에 걸쳐 여덟 번으로 기획된 전체 강의 중 첫 시즌, 그러니까 절반인 전반부 네 개 강의에 해당한다. 이 네 개의 강의에서 우리는

68혁명 당시의 사건과 현재 우리가 처해 있는 현실을 각기 다른 네 개의 키워드를 통해 잇는다. 그 네 개의 키워드는 각각 '인간성', '미디어와 이미지', '소수자 운동' 그리고 '세대 갈등'이다. 장담컨대 이 네 개의 강의를 거친다면, 그러니까 반세기 전의 베트남 전쟁과 유튜브/인스타그램이 어떻게 연결되는지, 마틴 루터 킹과 맬컴 X라는 소수자 운동의 두 맞수가 사실 어떤 이야기를 숨기고 있었는지, 또 1960년대 세대 갈등의 레퍼토리와 오늘날의 세대 갈등 레퍼토리 사이에는 어떤 차이와 공통점이 있는지 등을 알게 된다면 더 이상 그 누구도 68혁명에 대해 '그래봐야 50년 전 이야기잖아'와 같은 이야기는 하지 못할 것이다. 그 대신 1968년으로부터 지금 2021년에 이르기까지 반세기에 이르는 시간 동안 대체 무슨 일이 있었는지, 그만큼의 시간이 지났는데도 왜 여전히 우리에게 이 혁명의 이야기가 바로 지금의 이야기처럼 다가오는지 고민하게 되리라.

이 강의를 책으로까지 펴내면서 두려움과 부담감이 없다고 한다면 거짓말일 것이다. 68혁명은 수많은 시간과 공간, 사람과 삶, 사상과 어젠다, 실천과 평가가 교차하는 장이며 이 책은 그 중 극히 일부에 지나지 않는 단면들만을 다룰 뿐이다. 그 과정에서 내가 놓친 수많은 디테일한 팩트들이 있을 수 있고, 같은 사건에 대해서도 나와는 전혀 다른 방식으로, 그러면서도 훨씬 심도 있게 풀어 낸 해석들이 이미 존재함을 나는 잘 안다. 때문에 나는 이 강의가 그 자체로 완벽한 지식의 전달이 될 수 없음을 미리 밝혀 두는 동시에 읽는 이로 하여금 의심과 탐구심을 촉발토록 하는 계기가 되기를 희망한다. 내가 처음 68에 빠져들어 점점 더 많은 책들을 더 찾아 읽어 가며 더 많은 사람들과 주제들을 맞닥뜨렸듯 이 책의 독자들이 이 책으로 말미암아 그와 같은 여정에 오를 마음이 든다면 나로서는 더 바랄 것이 없다.

끝으로 감사의 말을 전해야 할 곳이 몇 군데 있다. 우선 이 강의를 기획하고 실행하는 데 막대한 도움을 준 길드다 멤버들과 북앤톡 선생님들께 감사의 말씀을 전한다. 또한 이 부족한 강의를 기꺼이 책으로 펴내주신 북튜브 관계자 분들께도 감사의 말씀을 전한다. 강의에 참가했던 삼십여 명의 수강생 분들께도, 이 강의를 짜는 데 막대한 도움을 준 텍스트들과 그 책들을 출간한 출판사들에도 감사를 전한다. 특히 제3강은 제임스 H. 콘의 『맬컴 X vs. 마틴 루터 킹』이 없었다면 내 혼자 힘으로는 도저히 불가능했고, 제4강을 쓰는 데는 스튜어트 제프리스의 『프랑크푸르트학파의 삶과 죽음』에 큰 도움을 받았다.

서설은 여기까지다. 자, 그럼 지금부터 반세기 전의 혁명을 향한 여행을 시작하자.

2021. 4. 15

차명식

차례

세번째 강의 흑인 '되기'와 소수자 운동의 길 117

네번째 강의 '꼰대'들의 혁명, '핏덩이'들의 혁명 171

첫번째 강의

이것이 인간인가

—

68의 배경,
제2차 세계대전의 종료부터
체 게바라의 죽음까지

안녕하세요. '68혁명, 인간은 세계를 바꿀 수 있을까' 강의를 진행할 차명식입니다. 오늘은 그 첫 시간인 만큼 본격적인 강의를 진행하기 전에 우선 68혁명이 무엇인가에 대해 가볍게 짚고 넘어가려고 합니다. 68혁명이란 1968년 즈음, 그러니까 60년대 중후반부터 70년대 중후반에 이르는 시기 동안 전 세계에서 동시다발적으로 발생한 다양한 사회 변혁의 움직임을 일컫는 말입니다. 이 움직임들 중에는 보통 우리가 말하는 '정치적인' 것도 있고, 또 '문화적인' 것도 있습니다. 독재정권의 타도와 선거제 개혁을 목표로 한 민주화운동의 형태를 띤 운동도 있고요. 소수자와 차별 문제를 다루는 움직임도 있으며, 전쟁과 제국주의에 반대하거나, 성 해방 등을 주장하며 권위주의적 사회와 문화에 대해 저항하고 그것들의 철폐를 요구한 것도 있죠.

간단히 말해서, '68혁명'이라고 통칭되는 이 움직임들은 사실 하나로 묶이기에는 너무나 다양한 목표와 양상을 가지고 있습니다. 사실은 그래서 68년이라는 그 움직임들이 일어난 연도 외에는 그 운동들을 하나로 묶을 수 있는 것이 없기 때문에 '68혁명'이라는 이름이 붙은 것이기도 합니다. 하지만 그럼에도 불구하고, 저는 이 수많은 움직임들을 하나로 묶어 낼 수 있는 것, 다시 말해 이 시기에 벌어졌던 운동들을 관통하는 주제가 분명 있다고 생각합니다. 그래서 첫 시간에는 그것을, 이 운동들 속에 무엇이 숨겨져 있었는지를 살펴보고자 합니다. 68혁명이 일어나기까지 대략 어떤 일들이 있었고, 그것이 어떻게 68로 이어졌는가. 그리고 그 과정에서 무엇이 68혁명을 추동하는 공통의 힘이 되었는가. 첫번째 강의 '이것이 인간인가'에서 이것을 먼저 살펴보도록 하겠습니다.

1. 이게 뭐지?

먼저 하나의 질문과 함께 시작합시다. '이게 뭐지?'라는 질문입니다. 살면서 그리 자주는 아니겠지만 이따금씩 우리는 스스로에게 이와 같은 질문을 던질 때가 있습니다. 내 눈앞에 어떤 일, 가령 어떤 사람의 행동이나 어떤 사태가 펼쳐졌는데, 그 일이 '정말' '도저히' 이해가 되지 않을 때 이런 질문을 던지게 됩니다. 우리는 평소에 가지고 있던 상식과 인지의 한계를 넘어서는 일을 마주할 수 있습니다. 계기는 여러 가지겠지요. 정말 끔찍하고 극악무도한 범죄 뉴스를 접할 때, '이게 뭐지?'라는 질문을 던지게 되죠. 아니면 낯선 타인의 어처구니없는 언행, 가령 아르바이트를 하면서 소위 '진상'이라고 하는 손님에게 어처구

니없는 일을 당할 때, 아니면 내가 잘 알고 있다고 믿었던 사람이 생각했던 것과 전혀 다른 모습을 보일 때, 아니면 친한 이의 느닷없는 비보를 듣거나 하는 경우에, '이게 뭐지?'라는 질문을 스스로에게 던지게 됩니다. 하나부터 열까지 전부 무엇인지 알 수가 없고, 심지어는 무얼 모르겠다고도 말할 수가 없게 되었을 때 우리는 당혹스러움에 젖어 다른 누구도 아닌 자기 자신에게 질문을 던지는 거죠.

그리고 이 질문을 던진 순간부터 파문이 시작됩니다. 내가 살고 있는 세상, 내가 어느 정도 잘 알고 있고 익숙하다고 생각하고 있던 나의 세상에 이처럼 낯선 사물이, 인간이, 사건이 존재할 수 있다는 사실은 또 다른 의심으로 이어집니다. '이게 정말 내가 살고 있는 세상에서 일어난 일이 맞나? 내가 세상에 대해 제대로 알고 있었던 게 맞나?' 이런 의문으로 뻗어 나가게 됩니다. 그것은 지금까지 자신이 알고 있던 세계에 대한 의심일 것입니다. 동시에, 그런 세계를 어느 정도 알고 있다고 믿어 온 자기 자신에 대한 의심이기도 하겠지요. 세계와 자신에 대한 믿음이 흔들린 그 순간 우리는 발밑이 무너져 내린 듯한 감정을 느끼고, 디딜 곳을 잃고 비틀거립니다. 까딱하면 한없는 추락으로 이어질 것을 알기에, 그런 상황에 처한 사람들은 저마다의 방식으로 대처합니다. 아무 일도 없었던 것처럼 의심을 묻어 버리거나, 아니면 내가 사는 세상과는 다른 세상에서, 내가 접할 일이 없는 먼 곳에서 일어난 일로 치부해 버리기도 합니다.

하지만 때로는 그런 식의 대처가 허락되지 않을 때도 있지요. 그 상황이 도저히 회피할 수 없는 현실일 때, 내가 그것을 체감하지 않을 수 없을 때, 그 의심과 질문은 흉터가 되어 나의 신체에 아로새겨지게 됩니다. 20세기 초, 두 번의 세계대전이 바로 그런 경우였습니다.

일상의 붕괴 : 제1차 세계대전

보통의 경우, 우리의 삶은 '일상'이라 불리는 어떤 흐름과 관성 속에 있게 마련입니다. 그 흐름 속에 있을 때는 '이게 뭐지?'라는 질문은 쉽게 던져지지 않습니다. 열차가 이미 놓여 있는 레일을 달리듯 그저 정신없이 흐름에 몸을 맡긴 채 주어진 목표를 향해 나아갈 뿐입니다. 목표는 있되, 늘 하던 대로 살다 보면 하루하루가 이미 지나가 버립니다. 학교를 향해, 졸업을 향해, 취직을 향해, 결혼을 향해…. 이렇게 목표는 있지만, 늘 겪어 오던 흐름 속에서 하루하루를 보내는 거죠.

20세기 초, 근대 유럽의 국가들은 바로 그런 흐름에 몸을 맡기고 있었습니다. 그들의 목표는 '자국의 발전'이었죠. 발전하고 확장하고, 그 과정을 끊임없이 반복하는 겁니다. 그들은 끊임없이 몸을 불리고 또 불리면서 앞으로 나아갔습니다. 내부적으로는 민족주의를 통한 단결을 꾀하면서 외부적으로는 식민지를 확보하는 데 열을 올렸죠. 이렇게 안으로 밖으로 몸을 불리는 데 집중을 합니다. 하지만 당연하게도 식민지가 될 수 있는 땅은 제한되어 있죠. 지구가 무한한 것이 아니니까요. 그러다 보니, 결국 달리던 열차들(서구 열강)과 그들이 달리던 레일(식민지화의 길)은 뒤엉키기 시작합니다. 그리고 발전하고 확장하는 흐름에만 몸을 맡긴 유럽의 거대한 열차들이 이 꼬인 레일 위에서 격돌합니다. 그것이 1914년에 벌어진 제1차 세계대전입니다.

이 강의에서는 제1차 세계대전에 대해서는 길게 말하진 않을 텐데요. 강의의 직접적인 주제는 아니기 때문입니다. 다만 지도를 보면서, 영국, 프랑스, 러시아, 이탈리아, 그리고 바다 건너의 미국과 일본 등이 '연합국'으로, 독일, 오스트리아-헝가리, 오스만 제국 등이 '동맹국'이라는 이름으로 맞서 싸웠고, 결국 '연합국'의 승리로 전쟁이 끝났다는 사실을 알아 두시면 좋겠네요. 이렇게 유럽의 거의 모든 나라가 참전한 전쟁의 결과 수많은 제국들이 붕괴했습니다. 특히 강력한 신흥 세력이었던 독일 제국은 영국과 프랑스, 미국에게 철저한 패배를 당하게 되었지요. 독일 황가는 무너졌고, 제국이 없어진 그 자리에는 바이마르 공화국이라 불리는 신흥국이 들어서게 됩니다.

이렇게 하루아침에 나라가 바뀌었으니, 독일 국민들은 매우 황당했겠죠. 게다가 황실과 제국이 멸망하고 국민들에게 남겨진 것은 어마어마한 배상금과 패배자의 낙인이었습니다. 얼마 전까지만 해도 영광스런 제국의 신민이라고 자신들을 규정하던 독일인들은 하루아침에 그 자부심과 자기 정체성의 근거를 잃어버렸습니다. 다시 말해 그들이 전쟁에서 패배하

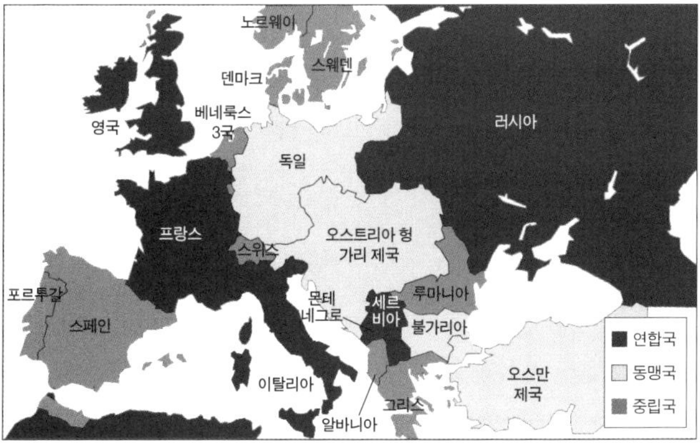

제1차 세계대전 당시 유럽의 지도. 1914년부터 4년간 벌어진 제1차 세계대전은 제국주의적 확장으로 치닫던 열강들의 충돌로 유럽 전체가 전쟁에 휩쓸린 사건이었다. 영국, 프랑스, 러시아, 이탈리아, 미국, 일본이 연합국으로, 독일, 오스트리아-헝가리 제국, 오스만 제국 등이 동맹국으로 맞선 세계 규모의 전쟁은 오스트리아-헝가리 제국이 붕괴되고 독일에 막대한 배상금을 지우는 것으로 마무리되었다.

기 전까지 알고 있었고 믿어 왔던 이전까지의 세상이 송두리째 무너진 것입니다. 그것은 '이게 뭐지?'라는 질문이 나올 수밖에 없는 도저히 외면할 수 없는 현실이었습니다. 독일 국민들은 더 이상 제국의 신민이 아니게 되었고, 젊은이들은 전쟁에서 불구가 되어 돌아왔으며 인플레이션으로 돈은 휴지 조각이 되었고 삶은 비참해졌습니다. 그들이 알고 있던 현실은 무너졌고, 망연자실한 독일인들은 스스로에게 묻습니다. '대체 무슨 일이 일어난 건가, 이 세계는 어떻게 된 건가, 우린 누구인가, 나는 누구인가?'라고. 그들에게는 이 현실과 그 속에 내던져진 자신들을 위한 대답과 설명이 필요했습니다. 그리고 약 20년이 지나, 마침내 누군가가 그들의 질문에 응답했습니다.

위대한 조국을 위하여 : 제2차 세계대전의 시작

'대체 무슨 일이 일어난 건가? : 우리에게 일어난 일은 영국, 미국, 러시아, 프랑스와 기타 열등한 인종들이 저지른 만행이다. 이 세계는 어떻게 된 건가? : 우리는 이 세계를 빼앗겼으며, 이 세계는 다시 되찾아야 할 우리의 몫이다. 우린 대체 누구인가? : 우리는 위대한 아리아인, 세상을 지배할 운명을 타고 난 이들이다. 나는 누구인가? : 당신은 이 위대한 국가의 일원이며, 초석이다.'

독일인들에게 이러한 대답을 던져 준 인물이 바로 아돌프 히틀러(Adolf Hitler)입니다. 히틀러의 등장으로 20년 동안 독일인들이 되뇌던 모든 질문이 해결됩니다. 흐릿했던 독일인들의 세상은 다시 명확해졌고, 그렇게 명확한 답을 선사한 지도자 히틀러에게 독일인들은 자신들의 모든 걸 맡깁니다. 그렇게 1939년, 두번째 세계대전이 시작됩니다.

그런데 그런 식으로 대답을 얻은 것은 비단 독일인들만이 아니었습니다. 전쟁을 치르기 위해서는 흑과 백을 분명하게 구분해야 합니다. 적과 아군 사이에 모든 것이 분명해져야 하고, 그 바탕에서 우리가 누구인가와, 적이 누구인가를 규정해야 했습니다. 제2차 세계대전에 참여한 모든 나라들은 독일과 마찬가지로 자신들과 세계를 정의하는 저마다의 대답을 만들어 냅니다.

가령 이탈리아의 대답은 자신들이 유럽을 지배했던 '로마 제국의 후예'라는 것이었습니다. 이탈리아의 독재자 베니토 무솔리니(Benito Mussolini)는 고대 로마 제국을 흉내 내기 위하여 갖은 애를 썼습니다. 로마식 경례를 부활시키고, 지중해의 명칭을 로마식(마레 노스트룸, '우리의 바다'라는 뜻)으로 바꾸고, 일부 부대의 이름도 로마식으로 바꾸었습니다. 또 도시에 묻혀 있는 로마의 유적을 발굴하는 데 많은 노력을 기울입니다. 과거 세계를 정복했던 로마 제국의 후예인 자신들이야말로 세계를 집어삼킬 권리가 있다는 식으로 대답을 찾은 것이지요.

또 일본은 원래 '탈아입구'(脫亞入歐)를 주장했던 나라였죠. 자신들은 열등한 아시아, 즉 중국이나 조선과는 다른, 세계의 열강들과 나란히 설 수 있는 민족이라고 주장을 했었습니다. '탈아입구'는 아시아를 벗어나 유럽[歐]의 열강으로 들어간다는 뜻이죠. 그런데 제2차 세계대전이 벌어지니까 아시아를 벗어난다는 이 기조를 확 뒤집습니다. 잔인한 서구열강에 대항해서 아시아가 하나로 단결해야 한다고, 그리고 그렇게 뭉친 아시아를 자기들이 이끌겠다고 주장한 것이죠. 이게 우리에게도 익숙한 '대동아공영론'입니다. 옆 쪽의 선전포스터(오른쪽 위)에 적혀 있는 한

https://catalog.archives.gov/id/7387545

뮌헨에서 만난 무솔리니와 히틀러(왼쪽 위), 대동아공영권을 홍보하는 포스터(오른쪽 위), '2차 세계대전 당시 미국의 모병포스터'(왼쪽 아래), '스탈린그라드 전투를 기념하여 1967에 세워진 동상'(오른쪽 아래).

자가 '일화만협조 천하태평'(日華滿協助 天下太平)입니다. 일본과 중국과 만주가 협력을 하면 '천하태평'이라는 것이죠.

다음으로 볼 것은 미국의 모병 포스터입니다. 'Together we win'이라고 쓰여 있죠. 당시 미국이나 미국과 동맹이었던 영국 등의 선전물들을 보면 이처럼 '함께', 그리고 '자유를 위해'라는 메시지를 강조하는 경우가 많습니다. 극악무도한 나치와 그 패거리에 맞서는 우리들은 자유의 이름 아래 뭉친 자유의 수호자들이다, 그런 식으로 스스로를 정의했음을 알 수 있습니다.

제2차 세계대전의 주요 참전국 중 마지막으로 소련을 살펴볼까요. 앞 쪽의 사진(오른쪽 아래)은 스탈린그라드 전투를 기념하여 1967년에 세워진 동상인데요. 제2차 세계대전 당시에도 이런 '어머니 러시아'의 이미지가 사용됩니다. 당시는 공산주의 국가인 소련이잖아요. 소련은 원래 공산주의 혁명을 하면서 옛 러시아 제국의 잔재를 쓸어버리겠다고 공언을 했고 실제로 러시아라는 이름을 한 번 버렸습니다. 그런데 전쟁을 하다 보니 '공산주의'만으로는 이 넓은 땅의 인민이 잘 단결이 안 된다는 것을 깨달았던 거죠. 그래서 다시 한번 '러시아 민족이 단결하자'라고 주장을 하고, '어머니 러시아'라는 상징을 부활시켜 프로파간다의 전면에 부각시키게 됩니다.

이렇게 각국의 인민들은 아리아인의 영광을 위해, 로마의 부활을 위해, 대동아의 공영을 위해, 자유세계의 수호를 위해, 어머니 러시아를 위해 전쟁에 직접 뛰어들었고, 전쟁을 지지하며 지원했습니다. 이때까지는, 모든 것이 명확해 보였습니다. 우리는 누구고 적들은 누군지, 세계는 어떤 상태고 지금 우리는 무엇을 해야 하는지, 이 모든 것이 명확했던 것이죠. 하지만 실제로 전쟁의 한가운데에서는 어떤 것도 그와 같이 명확할 수가 없었습니다.

죽음의 행렬

> 그곳의 지형이 원래 어떠했는지는 아무도 알지 못했다. 오르막과 내리막이 수없이 되풀이되었는데 어떤 것이 원래의 경사면이고 어떤 것이 십여 개의 폭탄이 만들어낸 구덩이의 사면인지 누구도 분간할 수 없었다. 참호

가 공장의 안뜰로 이어져 작업장까지 나 있었다. 참호 바닥에는 여전히 얼어붙은 녹색의 독일군 시체와 회색의 소련군 시체, 얼어붙은 인간 신체의 부분 부분들이 처참하게 흩어져 있었다. 벽돌더미 가운데는 독일군과 소련군의 양철 군모가 묻혀 있었고 눈에 반쯤 묻힌 군모도 볼 수 있었다. 철조망과 일부가 드러난 지뢰, 탄피, 돌 부스러기, 벽의 잔해, 휘어져 뒤엉킨 철제 대들보가 있었다. 이런 곳에서 사람들이 살아남을 수 있었다는 게 상상이 가지 않았다. 안토니 비버, 『피의 기록, 스탈린그라드 전투』, 조윤정 옮김, 다른 세상, 2012, 549~550쪽

이 기록은 제2차 세계대전 중에 소련군과 독일군이 크게 맞붙은 스탈린그라드 전투에서 나온 기록인데요. 오늘날 '볼고그라드'로 불리는 스탈린그라드에서 독일군과 소련군은 일진일퇴의 격전을 벌였고, 이 도시에서만 양쪽 군대 200만 명이 사망했다고 합니다. 이 전투 이전까지만 해도 독일군들이 밀어붙이고 있었고, 스탈린그라드는 쉽게 함락될 것 같아 보였지만 소련군이 시가전을 선택하면서 양상이 달라졌습니다. 소련군이 도시로 숨어들면서 전투의

RIA Novosti archive, image #602161

독일군이 항복한 후의 스탈린그라드. 200만 명의 사상자를 내고 도시를 폐허로 만든, 전쟁 역사상 가장 끔찍했던 스탈린그라드 전투는 1942년 8월부터 이듬해 2월까지 6개월 동안이나 이어졌다.

양상이 바뀌어 버린 거죠. 건물 사이사이에 병사들이 몸을 숨기고 저격수를 배치하고 폭약을 설치했으며, 그 가운데 민간인들이 뒤섞였습니다. 한 걸음 내디딜 때마다 어디서 공격이 날아올지 모르는 상태였고, 어떻게 죽는지도 모르고 죽음을 맞는 전투가 계속되었습니다. 어린아이들도 총을 들었고 총에 맞아 죽어 갔다고 합니다. 거기에 혹심한 추위와 극도의 굶주림, 그리고 전염병으로 군인, 민간인 할 것 없이 많은 사람들이 죽어 갔습니다.

독일군의 일기에는 이런 기록이 남았습니다. "이곳에 있으면 종종 복음서의 한 구절이 머릿속을 스치고 지나간다. '돌 하나도 돌 위에 남지 않고 다 무너뜨리리라'라는 구절이다. 여기서는 그 말이 사실이다." 비버, 『피의 기록, 스탈린그라드 전투』, 302쪽. 이 전투에 투입된 병사들의 평균 생존 시간은 24시간이었다고 합니다. 이런 전투가 1942년 8월부터 1943년 2월까지, 반년이나 이어졌다고 하고요.

"탈무드에 나오는 글귀입니다. '하나의 생명을 구하는 자는, 세상을 구하는 것이다'."

"더 살릴 수 있었어, 더 살릴 수 있었을지도 몰라, 좀 더 구할 수 있었을 거야. 좀 더 구할 수도…."

"사장님 덕분에 천백 명이 살았어요. 보세요."

"돈을 좀 더 벌었더라면… 난, 난 너무 많은 돈을 낭비했네. 자넨 상상도 못해. 내가 만약…"

"사장님 덕에 많은 후손이 태어날 겁니다."

"충분하지 못했어."

"그 이상을 하셨어요."

"이 차, … 왜 팔지 않았을까? 열 명은 더 구했을 텐데… 열 명, 열 명이나 말이야. 이 금 핀은 두 명… 이건 금이니까 두 명은 구했을 거야. 아니, 적어도, 한 명은 더 구했을 거야. 한 사람…! 한 사람은 더 구했을 거라고… 한 명은 더… 한 사람을 말이야. 슈텐, 이거 하나로… 더 구할 수 있었는데… 내가 안 한 거야! 내가…!"

스티븐 스필버그, 「쉰들러 리스트」 중에서

스탈린그라드에서의 참혹한 죽음의 행렬과 더불어 나치의 유태인 학살, 즉 홀로코스트는 제2차 세계대전이 얼마나 참혹한 전쟁이었는지를 보여 주는 또 하나의 참극입니다. 스필버그 감독의 「쉰들러 리스트」의 주인공 오스카 쉰들러(Oskar Schindler)는 독일계 체코인 사업가였고, 나치당원이기도 했습니다. 그래서 세계대전 초기에 나치 친위대에게 강제노역을 시킬 유태인들을 공급받을 수 있었죠. 사실 쉰들러는 매우 탐욕스러웠던 인물로 알려져 있었는데, 언제부터인가 갑자기 나치 수용소의 어린이, 여성, 대학생들을 숙련된 금속기술자라고 속여 자신의 공장으로 데려와 보호하기 시작했고, 그 규모를 점점 크게 늘리기 시작합니다. 그를 의심하는 나치 친위대에게 막대한 뇌물을 바쳐 가며 의심을 무마하고, 유태인들을 빼돌려 보호했던 것인데요. 결국 그는 파산할 때까지 사재를 털어 천백 명에 달하는 유태인들을 살렸고, 전후에는 근근이 살다가 삶을 마쳤다고 하네요. 탐욕스러운 사업가였던 그가 왜 그와 같이 갑자기 변했는가에 대해서는 알려지지 않았습니다만, 영화의 엔딩에서 쉰들러는 그에게 감사를 표하는 유태인들 앞에서도 죄책감에서 벗어나지 못해 몸서리치며 고통스러워하는 모습을 보입니다.

만약 우리가 이기지 못한다면, 우리가 몰락하면서 세계

오스카 쉰들러와 체코 브르네네츠(Brněnec)에 있었던 쉰들러의 공장.

의 절반을 우리와 함께 몰락으로 끌고 가리라. 아돌프 히틀러(요아힘 페스트, 『히틀러 최후의 14일』, 안인희 옮김, 교양인 2005, 54쪽에서 재인용)

이건 히틀러가 한 말인데요. 히틀러는 패색이 짙어지자 실제로 이 말대로 행하려고 합니다. 파리를 전부 불살라 버리라는 명령을 내리기도 하고요. 패전이 임박하자 베를린을 불태워 버리라고 하기도 합니다. 그런데 다행히도 히틀러의 명령이 실행되지는 않았습니다.

스탈린그라드의 참극, 홀로코스트의 비극과 쉰들러의 아이러니, 그리고 히틀러의 광기. 이 두려운 이미지들조차 두번째 세계대전에 있어서는 일부에 지나지 않지만, 그럼에도 우리는 그로부터 하나의 공통된 의미를 읽어 낼 수 있습니다. 그것은 흐릿해져 분간할 수 없게 된 세계의 모습입니다.

2. 이것이 인간인가

다시 알 수 없게 되어 버린 세계

1945년은 두번째 세계대전이 일어나고 꼭 7년째가 되는 해였습니다. 나치의 폴란드 침공으로 시작되어 전 유럽과 아시아, 아프리카와 태평양으로 번진 전쟁은 무수한 목숨을 앗아갔죠. 파리가 함락되기까지 36만 명이 죽고 다쳤고, 레닌그라드에서는 420만, 스탈린그라드에서 다시 200만, 엘 알라메인에서 4만 5천, 쿠르스크에서 130만, 난징에서 30만, 바르샤바에서 25만, 노르망디에서 25만, 베를린에서 120만, 히로시마와 나가사키에서 20만, 그리고 아우슈비츠-비르케나우와 다른 유태인 수용소들에서 350만 명이 죽었습니다.

전쟁은 이 주요한 전장들에서만 최소 7,300만 명의 목숨을 앗았고, 당연히 집계되지 않은 더 많은 사람이 죽었을 것입니다. 그리고 그보다 훨씬 더 많은 사람들, 즉 죽은 이들의 가족들과 생존자들에게 고통스런 삶을 남겼습니다. 지금 숫자로 말씀을 드렸는데, 이 숫자들이 여러분에게 별다른 느낌을 주지 못할 수도 있을 것 같아요. 너무 엄청난 숫자라서 현실감을 느끼기가 쉽지 않죠. 이 엄청난 사태 앞에서 우리는 그것을 전혀 실감할 수 없거나, 아니면 단지 자극적이고 선정적인 충격 혹은 스펙터클로만 그것을 느끼는 게 고작입니다. 그것을 온전히 이해하는 것은 결코 쉽지 않습니다.

앞서도 말했듯, 이 전쟁에 뛰어든 모든 국가들은 아군과 적군, 흑과 백을 명확하게 하기 위해 자신들과 저들, 그리고 세계를 정의하려고 애썼습니다. 하지만 결국 모든 것은 알 수 없게 되어 버렸죠. 누가 옳고 그른지도, 이런 일이 왜 일어났는지도, 내가 이런 일을 왜 하고 있는지도…. 탐욕스러운 나치의 사업가인 쉰들러는 왜 유태인들을 구하게 되었을까? 나치 당원이었던 그는 선인일까 악인일까? 자유의 수

호자를 자처했던 미국과 연합군이 파시스트 일본의 도쿄에 네이팜탄을 쏟아 부었을 때, 또는 나가사키와 히로시마에 원자탄을 떨어뜨렸을 때 참혹하게 죽어간 일본인들에게 벌어진 일은 단지 '정의의 구현'이었던 것일까? 전쟁이 시작되기 전에는 모든 것이 명확해 보였지만, 전쟁이 시작되자 그 무엇도 알 수 없게 되어 버렸습니다. 그리고 이 세계대전은 말 그대로 '세계의 전쟁'이었고, 인류의 어떤 사람도 내 일이 아니라고, 나한테서는 멀리서 벌어진 일이라고 외면하고 회피할 수도 없는 사태였습니다. 그러니까 이 전쟁은 그 자체로 인류 모두가 결코 피할 수 없는, "이게 뭐지?"였다고 할 수 있습니다.

프리모 레비의 질문

> 우리는 죽음과 유령들의 세계에 누워 있었다. 문명의 마지막 흔적은 우리 주위에서, 우리 내부에서 사라져 버렸다. 승승장구하던 독일인들이 시작했던, 인간을 동물로 만들려는 작업은 패배한 독일인들에 의해 완성되었다.

> 인간을 죽이는 건 바로 인간이다. 부당한 행동을 하는 것도, 부당함을 당하는 것도 인간이다. 거리낌 없이 시체와 한 침대를 쓰는 사람은 인간이 아니다. 옆 사람이 가진 배급 빵 4분의 1쪽을 뺏기 위해 그 사람이 죽기를 기다렸던 사람은, 물론 그의 잘못은 아닐지라도, 미개한 피그미, 가장 잔인한 사디스트보다도 '생각하는 사람'이라는 전형에서 멀리 떨어진 사람이다. 프리모 레비, 『이것이 인간인가』, 이현경 옮김, 돌베개, 2007, 263쪽

이 혼란과 참극의 가운데에서 우리는 한 명의 작가를 만나야 합니다. 프리모 레비(Primo Levi). 프리모-레비는 이탈리아 토리노 대학에서 화학과 수석을 차지할 정도로 유망했던 이탈리아계 유태인이었습니다. 그는 1943년 스물다섯의 나이로 파시스트 민병대에게 체포되어 아우슈비츠로 끌려갔고, 1945년 전쟁이 끝날 때까지 살아남았습니다. 그러나 그는 생존을 대가로 어떤 질문에 대한 대답을 요구받았습니다. '이것이 인간인가?'

이 질문은 강의를 시작할 때 던졌던 '이게 뭐지?'라는 질문이, 현실과 세계에 대한 질문으로 이어

Bundesarchiv Bild 146-2007-0057

프리모 레비와 프리모 레비가 수용되어 강제노역을 했던 아우슈비츠 근처 모노비츠의 공장.

지고, 그것이 '나'를 거쳐 마침내는 '인간'에게까지 이르렀음을 보여 줍니다. 또한 이 질문은 프리모 레비가 살아남은 후 첫번째로 쓴 아우슈비츠에 대한 회고록의 제목이며, 그가 아우슈비츠에서 보낸 시간 동안 하루에 수십 번도 더 던져야 했던 질문이기도 했습니다.

그는 가스실 행이 결정된 동료 옆에서 자신이 선택되지 않았음을 감사하며 신께 기도하는 남자를 보며 이 질문을 던집니다. 또 레비는 말끔하게 차려입고 크리스마스 파티에 대해 수다를 떨면서 이따금씩 추레한 자신들에게 경멸의 눈빛을 던지는 독일 여성들을 보며 이 질문을 던지지요. 그리고 독일 군인들에게 반란을 일으켰다가 처형대에 오른 동료, "동지들, 내가 마지막이오!" 하고 최후까지 외친 그 용맹한 남자의 죽음 앞에서 한마디 말도 꺼내지 못하고 그를 똑바로 바라보지도 못한 채 독일인들의 지시에 따라 조용히 그 앞을 행진해 지나쳤던 자신을 향해 이 질문을 던져야 했습니다. 그는 아우슈비츠에서 살아남은 뒤에도 독일인들에게 증오를 표하는 대신 스스로에게 '이것이 인간인가'라는 질문을 되풀이했고, 1987년 자살로 삶을 마감합니다.

그러나 제2차 세계대전이라는 참혹한 사태 앞에서 '이것이 인간인가'라는 질문을 던진 것은 프리모 레비만이 아니었고, 그 질문에 답해야 하는 것도 그만이 아니었습니다. 대답을 요구받은 것은 인류였습니다. '인간은 무엇인가? 인간은 무엇을 할 수 있고, 무엇을 할 수 없으며, 무엇으로 세계 안에 존재해야 하는가?'

실존주의 : 존재는 본질에 우선한다

1945년 8월 15일, 우리나라의 광복절에 일본 제국의 항복으로 전쟁은 끝이 납니다. 모든 사람들이 종전의 기쁨에 도취되었고, 종전 2년 후 미국은 마셜 플랜이라는 전후복구 계획으로 막대한 돈을 유럽에 뿌리며 빠르게 전쟁의 상흔을 지워 나가기 시작합니다. 그로부터 불과 20년도 되지 않아 서구세계는 유례없는 풍요를 맞이했고, 사람들은, 적어도 겉으로는 빠르게 전쟁의 기억을 지워 나갔습니다. 하지만 지식인들은 여전히 '이것이 인간인가, 인간은 무엇으로 살아야 하는가'라는 질문에 답해야 할 책무를 잊지 않았고,

레비가 그러했듯 인간에 대한 물음을 되풀이했습니다. 그리고 물음과 답의 모색은 두 개의 지성사적 흐름을 만들어 내게 됩니다.

그 한쪽에, 전쟁의 참혹함을 겪었지만, 끝내 인간의 주체성을 놓지 못한 이들이 있었습니다. 그들은 실존주의자로 불렸죠. 그들의 필두에 선 사람이 바로 장 폴 사르트르(Jean Paul Sartre)였고, 그는 자신의 주장을 다음과 같이 요약합니다. '실존이 본질에 우선한다'라고.

> 실존이 본질에 우선한다는 말은 무엇을 의미하는가? 이 말은 인간이 먼저 세계 속에 실존하고, 만나지며, 떠오른다는 것, 그리고 인간이 정의되는 것은 그 이후의 일이라는 것을 의미한다. 실존주의자가 생각하는 인간은 정의될 수 없다. 왜냐하면 본디 인간은 아무것도 아니기 때문이다. 아무것도 아니기에, 인간은 이제 스스로를 만들어 나가야 한다. 장 폴 사르트르, 『실존주의는 휴머니즘이다』, 박정태 옮김, 이학사, 2008, 33쪽. 번역 일부 수정.

난해하게 들리지만 사실 매우 간단한 이야기입

1955년 베이징을 방문한 사르트르와 소설가이자 페미니즘 사상가인 시몬 드 보부아르(Simone de Beauvoir). 사르트르와 보부아르는 계약 결혼으로 많은 화제를 낳기도 했다.

니다. '실존이 본질에 우선한다'라고 했을 때, '본질'이란 무엇일까요? 보통 우리가 어떤 것의 '본질'이라고 말할 때, 그 본질이라는 말에는 사물이 원래 가지고 있는 성질, 처음부터 정해진 쓰임새 같은 의미들이 들어 있겠죠. 인간의 본질도 마찬가지라고 할 수 있습니다. 인간이 처음부터 가지고 있는 성격, 쓰임새, 이런 걸 본질이라고 하겠죠. 이건 다른 말로 운명이라고 할 수도 있습니다. 그럼 제2차 세계대전이 벌어지기 전까지 인간의 본질은 무엇이었을까요? '진리의 탐구자', '세계의 지배자' 이런 것들이 세계대전 이전의 인간의 본질이자 운명이라고 할 수 있습니다. 그런 것들로 인간을 정의할 수 있었죠.

그런데 사르트르는 이렇게 말하는 겁니다. '실존은 본질에 우선한다'고요. 인간에게 이미 정해진 본질이나 운명 같은 건 없다는 겁니다. 그래서 사르트르는 비난도 많이 들었습니다. 인간의 운명과 본질을 다 부정한다거나, 인간을 허무한 존재로 깎아내린다는 비난이었죠. 그러나 그들에게 사르트르는 이렇게 반박합니다. "아니다, 존재에 대해서 아무것도 정해져 있지 않기 때문에 인간은 자신의 행동, '실천'을 통해 자기 자신과 세계를 스스로를 만들어 나가야 하고, 자기 자신과 다른 모든 인간과 세계에 대해 책임을 져야 한다"라고. 이렇게 자기 자신과 인류, 그리고 미래를 위해서 스스로를 던져야 하며, 그것은 오직 인간에게만 허락되었다는 것이 그의 반박이었습니다. 그러므로 실존주의는 인간을 깎아내리기 위한 것이 아니라 진정한 '인간중심주의', 곧 휴머니즘이라는 겁니다.

구조주의 : 인간의 해체

이렇게 인간의 실존을 중시한 실존주의의 다른 편에서는 인간을 해체하려는 시도가 나타났습니다. 세상의 주체가 되어 자기 바깥의 세상을 인식하고 탐구해 나가는 진리의 추구자로서의 인간. '나는 생각한다, 고로 존재한다'라는 데카르트(René Descartes)의 선언 이후 흔들림 없이 믿어져 왔던 그러한 인간상이 존재하지 않는다는 것을 증명하기 위한 시도였는데요. 이런 시도를 한 사람들 중 일부는 구조주의자라는 이름으로 불렸습니다.

구조주의자들은 인간과 세계의 뿌리에는 어떤

보편적이고 공통적인 구조, 다시 말해 '틀'이 존재하며, 인간을 포함한 세상 모든 것은 오직 그 틀 속에서 구조에 따라 의미와 기능이 정해진다고 주장했습니다. 이에 따르면 개개의 인간은 홀로 오롯이 존재할 수 없으며 달리 특별한 존재도 아닙니다. 인간 또한 하나의 거대한 구조의 일부일 뿐이며, 마찬가지로 구조의 일부인 자신과 맞닿은 다른 조각들과의 관계를 통해서만, 즉 그 조각들과 어떻게 연결되어 있는지에서만, 또는 그 관계들의 총합인 구조를 통해서만 존재의 의미와 가치를 획득한다는 것입니다. 당연히 그들의 관심은 그 '보편의 구조'를 찾아내는 데 있었습니다.

인류학자인 클로드 레비스트로스(Claude Lévi-Strauss)를 위시해서 여러 저명한 각계의 학자들이 구조주의자로 불리었습니다. 레비스트로스는 인간은 처음부터 정해져 있는 것이 아니며, 스스로의 행위와 실천을 통해 세계를 만들어 나갈 수 있다고 했던 사르트르를 직접 비판하며 다음과 같이 말합니다.

나는 이성이란 '실천'을 통해 발달하고 변형되리란 것

1973년 에라스무스상을 수상하고 있는 클로드 레비스트로스.

을 의심하지 않는다. 인간의 사유 양식은 세계와 타자에 대해 어떠한 관계를 갖는가를 나타낸다. 그러나 '실천'이 사상으로 살아남기 위해서는 먼저 사고가 존재하지 않으면 안 된다. 즉 '실천'의 전제 조건은 심리현상과 뇌의 객관적 '구조'의 형태에 주어져 있다. 그것이 없이는 실천도 사상도 존재할 수 없을 것이다. 클로드 레비-스트로스, 『야생의 사고』, 안정남 옮김, 한길사, 1996, 375쪽

구조주의는, 모든 것을 제로로 돌리고 주체로서의 인간을 해체하고자 합니다. 인간을 구조라는 거대한 것의 일부분으로 만들고 그 구조 속에서만 의미를 갖는다고 주장했습니다. 실존주의는, 역시 모든 것을 제로로 돌리지만 그 제로 속에서 실천으로써 스스로를 만들어 나갈 수 있다고 주장하며 주체로서의 인간을 다시 발견하고자 했습니다. 이 두 사상의 대립이, 제로베이스에서 다시 시작하는 인간에 대한 질문이 60년대의 유럽을 지배한 것입니다.

그리고 논쟁이 불붙던 1960년대 말, 대서양 건너편에서 한 '인간'이 죽습니다. 그 인간의 이름은 에르네스토 체 게바라(Ernesto Ché Guevara)입니다.

3. 우리 시대의 가장 위대한 인간

'나는 민중과 함께할 것이다!'

"떨지 말고 방아쇠를 당겨라! 당신은 단지 한 명의 인간을 죽이는 것일 뿐이다!" 이것이 체 게바라의 유언입니다. 체 게바라를 처형한 것은 마리오 테란(Mario Terán)이라는 젊은 군인이었는데, 그는 마지막 순간까지 방아쇠를 당기지 못하고 두려움에 사로잡혀 온몸을 떨었다고 합니다.

> 그의 눈이 강하게 빛나고 있었습니다. 나는 그에게 매혹당했습니다. 나는 크고 위대한 그의 모습을 보았습니다. 장 코르미에, 『체 게바라 평전』, 김미선 옮김, 실천문학사, 2000, 686쪽

마리오 테란은 술을 마시고, 다시 몸을 떨다가, 눈을 질끈 감고서 가까스로 방아쇠를 당겼고, 그렇게 체 게바라는 죽었습니다. 그리고 위대한 인간을 죽였다는 죄책감에 시달리던 마리오 테란은 이듬해 4월 투신자살하여 삶을 마감합니다.

체 게바라의 죽음은 67년, 그러니까 68혁명이 시작되기 불과 1년 전의 일이었고, 이후 수년간 이어질 숱한 혁명가와 운동가들의 죽음에 앞선 전주곡이기도 했습니다. 그의 죽음은 곧 전 세계로 알려져 수많은 사람들, 특히 유럽의 젊은이들의 심장에 불을 당겼지요. 이렇게 그의 죽음의 영향력이 컸던 것은 그가 게릴라였고, 혁명가였으며, 혹은 조각 같은 미남이었다는 이유 때문만은 아니었습니다. 유럽의 젊은이들이 대서양 건너편의 한 게릴라 지도자의 죽음에 반응한 이유는 그의 삶이 보여 준 가능성과 확신 때문이었다고 할 수 있습니다.

라이게라 마을에서 마리오 테란의 총에 맞아 숨을 거두었을 때 체 게바라의 나이는 서른아홉이었습니다. 그로부터 16년 전, 그의 나이 스물셋이었을 때 그는 졸업을 앞둔 의대생이었으며 호흡기가 필요한

죽음을 맞이하기 직전인 1967년의 어느 날, 볼리비아에서 아이들을 안고 있는 체 게바라.

천식환자였고 방탕한 젊은이이기도 했습니다. 그는 대학생들이 그렇듯이 졸업을 앞두고 충동적으로 남미 여행을 떠나고, 그 여행길에서 비탄에 빠진 남미 민중들의 삶을 목도합니다. 그러고는 혁명가의 길을 걷기로 결심하죠.

훗날 이 여행의 기록은 『모터사이클 다이어리』라는 제목의 책으로 출간됩니다. 이 책을 읽어 보면 체 게바라의 새로운 모습을 만나 볼 수 있는데요. 게릴라의 아이콘이자 한쪽에서는 마치 예수 그리스도처럼 여겨지기도 하는 사람이 여기서는 정말 시시껄렁한, 오늘날에도 흔히 볼 수 있는 대학생의 모습으로 등장합니다. 애인과 다투고 반쯤 충동적으로 훌쩍 여행길에 나서는 모습, 밤중에 개를 보고 맹수인 줄 알고 놀라 허둥대는 모습, 이스터 섬 여자들과의 로맨틱한 만남을 상상하며 시시덕대는 모습 등을 보고 있자면 다소 우습기도 합니다. 물론 그러면서도 중간중간 남미 민중들에 대한 그의 진지한 고민들도 읽어 낼 수 있지만요.

실제로 이 책은 여행기이기 때문에 날짜와 장소가 잘 기록되어 있는데요. 책의 마지막 장을 보면 여

1952년 '맘보탱고'라고 이름 붙인 뗏목을 타고 아마존을 여행 중인 게바라(오른쪽). 왼쪽의 인물은 함께 여행을 떠났던 친구 알베르토 그라나도(Alberto Granado)이다.

행기 전체를 통틀어 유일하게 날짜도 장소도 없고, 하다못해 실제 있었던 일인지도 알 수 없는 장이 있습니다. 그 장에서는 어느 날 밤 어떤 남자와 체 게바라의 만남을 기록하고 있습니다.

> 그 작은 산골마을에서는 별들이 밤하늘을 가르며 빛을 뿌리고 있었다. 마치 모든 견고한 것들이 허공으로 흩어지듯(어떻게 설명해야 할지 모르겠다), 모든 개별성을 지우고 완고한 우리를 방대한 어둠으로 끌어당기는 듯 느껴졌다. 구름 한 점 없는 하늘은 별들로 가득했다. 몇 미터 떨어져 있지 않은 곳의 희미한 램프의 빛은 어둠을 몰아내지 못했다.
> 그림자에 가려진 그 남자의 얼굴은 뚜렷하지 않았다. 나는 단지 그의 눈에서 번뜩이는 섬광과 그의 앞니 네 개에서 뿜어져 나오는 어슴푸레한 빛만을 감지했을 뿐이다. 체 게바라, 『체 게바라의 모터사이클 다이어리』, 홍민표 옮김, 황매, 2004, 252쪽

체 게바라가 여기서 묘사하고 있는 남자는 젊은 나이에 유럽에서 독재정권을 피해 도망쳐 온 사람이

었는데, 그 후에도 여러 나라를 떠돌며 살아온 사람이었다고 합니다. 두 사람은 여행에서 만난 사람들답게 각자의 영역을 침범하지 않는 몇 마디의 의미 없는 말을 나누고 헤어지려 하는데요. 그는 갑자기 체에게 손을 내밀며 이렇게 말합니다.

> 미래는 민중의 것이지요. 조금씩 혹은 단번에, 그들이 권력을 잡을 겁니다. 여기에서 그리고 모든 나라에서요. 문제는 민중은 교육받을 필요가 있는데, 권력을 잡기 전에는 교육받을 수 없고 오로지 권력을 장악한 후에야 가능하다는 것이죠. 민중은 자신의 실수를 통해서만 배울 수 있는데, 이 실수라는 게 상당히 심각할 수도 있고, 무고한 많은 생명들을 희생시킬 수도 있습니다. […] 조화를 이룰 능력이 없는 이들—예를 들면 당신과 나 말입니다—은 모두 커다란 희생을 감수함으로써 그 탄생을 도왔던 권력을 저주하며 죽을 거예요. 혁명이란 비인격적이죠. 사람들의 목숨을 빼앗아갈 것입니다. 그들의 기억을 모범으로 이용하기까지 하면서. […] 또한 나는 […] 당신이 주먹을 굳게 쥐고 턱을 꽉 문 채 증오와 투쟁의 흔적을 고스란히 드러내며 죽을

거라는 걸 알고 있어요. […] 당신은 나만큼이나 유용한 존재입니다. 그러나 당신은 당신을 희생시키는 사회에 당신의 헌신이 얼마나 유용한지 하는 것은 모르고 있죠. 체 게바라, 『체 게바라의 모터사이클 다이어리』, 254~255쪽

정리하자면, '분명 머지않아 민중의 혁명이 시작될 텐데, 그러면 사람들이 희생될 것이다. 그리고 당신이나 나와 같은 사람은 그 과정에서 죽음을 맞이할 것이다. 그러나 당신과 나와 같은 사람은 그 혁명에 크게 기여할 수 있는 사람들이다', 이렇게 이야기를 하고 떠나갔다는 거죠. 그리고 체는 이렇게 씁니다.

나는 역사를 예언하는 그의 이와 볼이 축 처진 웃음을 보았다. 나는 그의 악수를 느꼈고, 마치 멀리서 웅얼대는 듯한 작별인사도 느꼈다. 그의 말에 접촉하며 겹쳐지는 밤하늘이 다시 나를 감싸 안으며 매혹한다.

그의 말에도 불구하고, 그때서야 나는 깨달았다. 만일 위대한 영혼이 인류를 두 개의 적대적인 진영으로 나눈다면, 나는 민중과 함께할 것임을. 체 게바라, 『체 게바라의 모터사이클 다이어리』, 255~256쪽

만약 이 여행기를 쓴 이가 체 게바라가 아니었다면, 만약 평범한 대학생이었다면, 이 이야기는 그냥 여행 중에 스쳐가는 감상에 불과할 것입니다. 하지만 체 게바라는 이 여행기를 쓰고 4년이 지난 1955년, 평생의 동지인 피델 카스트로(Fidel Castro)를 만났고, 이듬해인 1956년, 단 16명의 동료들과 함께 쿠바로 잠입했으며, 1959년까지 3년 동안 정글을 헤맨 끝에 쿠바의 바티스타 독재정권을 전복시킵니다. 그 이후에 한동안 쿠바에 머물면서 혁명정권을 이끌다가 1965년, 관료로 남기보다 세계 또 다른 곳에서 혁명을 하겠다며 쿠바를 떠났고, 1967년, 볼리비아에서 혁명을 일으키려다 체포되어 죽음을 맞이합니다.

체 게바라, 실존주의의 화신

앞서 이야기했던 실존주의자 장 폴 사르트르는 체 게바라를 두고 '이 시대의 가장 완벽한 인간'이라고 불렀습니다. 그것은 체 게바라가 거둔 성공과 과오에서 비롯한 말은 아닙니다. 체 게바라는 16명으로 시작해 한 나라를 뒤집은 영웅적인 인물이기도 했지만, 정치가나 관료로 일하면서는 실수도 있었던 인물입니다. 개인적으로 뜯어보면 허영심도 있었고, 무모한 인간이기도 했죠. 볼리비아에서의 혁명도 굉장히 무모한 일이었고, 결국 그 탓에 죽음을 맞이했습니다.

그럼에도 불구하고 사르트르가 그를 '이 시대의 가장 완벽한 인간'이라고 말할 때, 그것은 성공과 실수의 대차대조를 따져서 이야기하는 것이 아닙니다. 체 게바라라는 인간은 의사라는 직업과 엘리트 지식인이 되는 길을 거부하고 혁명가가 되는 길을 선택했고, 불가능해 보이는 쿠바 혁명을 실현함으로써 인간의 선택이 세계를 변화시킬 수 있음을 증명했으며, 혁명을 성공시킨 뒤에도 안주하지 않고 또 다른 혁명에 나섰다가 죽음을 맞이했다는 겁니다. 사르트르는 실존주의자로서 스스로 선택하고 실천하여 자신의 삶을 만들어 나가는 존재로서의 인간상을 주장한 학자였고, 체 게바라의 삶이야말로 바로 그러한 인간상을 증명하는 것이었습니다.

물레방아를 향해 질주하는 돈키호테처럼
나는 녹슬지 않는 창을 가슴에 지닌 채
자유를 얻는 그날까지 앞으로, 앞으로만 달려갈 것이

쿠바를 방문해 체 게바라와 환담을 하고 있는 사르트르와 보부아르.

다. — 체 게바라, 65년 3월 쿠바를 떠나며 코르미에, 『체 게바라 평전』, 26쪽

이와 같은 '인간' 체 게바라의 삶은 그 자체로 레비의 질문 '이것이 인간인가'에 대한 하나의 대답이었습니다. 동시에 제2차 세계대전 이후에 태어나, 참혹한 전쟁을 저지르고도 물질적 풍요 속에서 과거를 외면하며 살고 있는 기성세대의 모순을 응시하며 자란 젊은이들을 향해 던져진 하나의 선언이기도 했습니다. 이미 서서히 세계 곳곳에 일고 있었던 기성의 모순에 대한 저항의 불길 속에 체 게바라의 죽음은 하나의 선언, 하나의 대답, 하나의 확신으로 던져졌던 거죠. '인간은 선택할 수 있다. 그렇게 선택을 하고 행동을 해서 자신과 세계를 변화시킬 수 있다. 그럼으로써 인간은 정녕 자유로운 존재가 될 수 있다.' 이것이 체 게바라의 삶이 전한 메시지였고, 어쩌면 이런 정신이야말로 68년 세계 곳곳에서 벌어진 다양한 운동의 흐름들을 어설프게나마 하나로 엮을 수 있는 핵심일 것입니다. 세계대전이라는 무섭고 무거운 기억과 냉전이라는 막막한 현실로 숨 쉴 수조차 없었

Stiftung Haus der Geschichte[https://flic.kr/p/rLndLe]

1968년 베를린에서 있었던 반전 시위. 체 게바라의 사진은 68을 상징하는 표상이었다.

던 사람들이 그 시대의 '뉴 노멀'을 향해 움직일 수 있었던 것은 바로 체 게바라로 대표되는 이런 확신이었다고 생각합니다.

이렇게 68혁명을 다루는 첫번째 시간에는, 끊임없이 발전과 팽창을 향해 달려가던 인간들이 세계대전이라는 엄청난 사태 속에서 내가 누구고 세계가 무엇인지를 알 수 없게 되었다는 것, 그리고 그 질문에 대답하는 과정에서 실존주의와 구조주의라는 두 개의 흐름이 생겨났다는 것을 살펴보았습니다. 또한 체 게바라라는 인간의 죽음으로 실존주의적 대답, 즉 '인간은 스스로의 실천을 통해서 세계를 만들어 나가는 존재'라는 대답이 힘을 얻었다는 것을 살펴보았고, 바로 이런 대답이 68혁명의 배경이자 68혁명을 하나로 묶을 수 있는 힘이었다는 점을 살펴보았고요. 그럼 다음 시간에는 베트남 전쟁을 둘러싸고 벌어진 운동들에 대해 살펴보도록 하겠습니다.

두번째 강의

베트남을 기억하라 :

미디어, 이미지, 진실 그리고

—

베트남전 반전운동 속
이미지 언어의 역할,
그리고 오늘날의 이미지 언어

첫번째 강의에서 우리는 68혁명의 배경을 살펴보면서 두 번의 세계대전이 가져온 인간에 대한 회의와, 그 가운데 일어난 '스스로의 선택으로 세계를 만들어 나가는 인간'에 대한 믿음에 대하여 이야기했습니다. 이번 시간부터는 그러한 믿음을 바탕으로 68의 대중들이 구체적으로 어떻게 세계를 바꾸려고 시도했는가, 거기에 또 어떤 요소들이 개입했는가를 살펴보려 합니다.

그 중에서도 오늘 다룰 주제는 '베트남 전쟁'과 '반전운동'에 대한 이야기입니다. 베트남 전쟁은 제 조부모님 세대가 참전한 전쟁으로 어느 정도 우리에게도 익숙한 것 같기도 한데요. 또 한편으로는 잘 모르는 전쟁이기도 합니다. 우리에게 어느 정도 익숙하면서도 낯선 전쟁인데요. 아주 거칠게 말하면 또 하나의 한국 전쟁으로 생각하면 될 것 같습니다. 미국과 소련, 자본주의와 공산주의 진영이 대립한 냉전 질서 속에서 분단된 두 나라와 그를 둘러싼 강대국들이 벌인 전쟁이죠. 그런데 이 전쟁이 68혁명과 무슨 상관이냐? 베트남 전쟁이 벌어진 시기는 길게 잡아서 50년대 중반부터 70년대 중반까지인데요. 이렇게 기간이 겹친다는 것이 그 첫번째 이유고요. 두번째 이유는 68혁명 당시 수많은 대중들을 연대하게 했던 여러 운동들 가운데에서 이 베트남 전쟁에 반대하는 반전운동이 아주 큰 비중을 차지했기 때문입니다. 반전운동이 여러 운동들을 매개하고 연결하는 데 큰 역할을 했거든요. 과거 우리나라의 광우병 촛불시위 때도 실제로는 노동 분야나 환경 문제 등, 여러 분야의 주제들이 말해졌지만 대표적으로 '광우병'이 대중들을 이끌어 낸 매개였듯이, 68에서도 베트남전 반전운동이 그와 비슷한 역할을 수행했다고 생각하시면 되겠습니다.

그리고 또한, 이 베트남전 반전운동에서는 이전

에는 존재하지 않았던 새로운 요소들이 포착되는데요. 바로 텔레비전입니다. 컬러텔레비전이라는 새로운 미디어와 그와 함께 본격적으로 부각된 '이미지 언어'가 68혁명에 지대한 영향을 미치거든요. 뉴미디어와 이미지, 이것들이 베트남전 반전운동 그리고 68혁명에 어떤 영향을 미쳤는지, 또 이것이 오늘날 우리 시대에는 어떻게 작동하며 우리에게 어떠한 사유를 요구하는지, 오늘은 바로 그에 대해 이야기를 해보려고 합니다. 그럼 지금부터 두번째 강의 '베트남을 기억하라 : 미디어, 이미지, 진실 그리고'를 시작해 보겠습니다.

1. 1968년 구정에 일어난 일

베트남의 분단

제목에 나온 구정은 우리나라에서 이야기하는 설날, 그 구정을 이야기합니다. 일단은 베트남 전쟁에 대해서 좀 더 자세히 소개를 해드려야겠죠? 제2차 세계대전이 끝난 뒤, 세계의 절반은 미국으로 대표되는 자본주의 진영이 차지했고, 다른 절반은 소련으로 대표되는 공산주의 진영이 차지하고 있었는데요. 이 두 거대한 진영이 20세기 중반부터 아주 맹렬하게 세력다툼을 시작합니다. 그런데 그런 세력 다툼을 두 나라 사이에서만 하는 것이 아니라, 마치 땅따먹기를 하듯 전 세계에서 공작을 펼치면서 벌여요. 그러면서 제3세계, 가령 중동이나 남미 같은 곳에서 암살, 테러, 쿠데타 지원 등을 일삼았고, 때로는 나라를 절반으로 나누기도 했습니다. 우리나라의 분단도 그런 흐름 속에 있었던 거고요. 베트남도 마찬가지였습니다.

전쟁 전 베트남 지도를 보시면, 우리나라와 마찬가지로 남북으로 갈라진 것을 볼 수 있는데요. 우리나라가 일본의 식민지였던 것처럼 베트남은 프랑스의 식민지였거든요. 한때 프랑스의 식민지였던 베트남은 호찌민(胡志明)이라는 걸출한 지도자의 등장과 함께 독립전쟁을 벌여 프랑스에게서 벗어날 수 있었습니다. 하지만 곧 냉전의 시대가 다가왔고, 우리나라가 남북으로 갈라진 것처럼 베트남도 해방되자마자 냉전의 영향 속에서 공산주의 영향권에 속한 북베트남과 자본주의 영향권에 속한 남베트남으로 나뉩니다. 우리나라와 정말 비슷하죠? 이후 베트남의 운명은 우리나라의 분단 문제와 함께 제네바 협정에서 논의가 되는데요. 일단 분단을 유지하되, 2년 후에는 전 지역 공동 선거를 치르고 이긴 쪽이 베트남 전체를 주도하는 정권을 세운다는 협의가 이루어집니다.

인도차이나 전쟁(1946~1954)에서 프랑스가 패퇴하고 제네바 협정을 통해 확정된 국경. 미국의 개입으로 베트남은 북베트남과 남베트남으로 나뉘었다.

미군의 개입과 전쟁의 시작

그런데 이 협의는 사실 처음부터 굉장히 위태로운 것이었어요. 조금 전에 이야기했던, 독립에 절대적인 역할을 했던 호찌민이라는 인물이 북베트남 정권을 이끌고 있었기 때문에 만약 선거를 한다면 그 결과가 너무 뻔했던 겁니다. 호찌민이 승리하고 베트남은 공산주의 진영으로 들어갈 것이 너무 명확해 보였다는 거죠. 그래서 남베트남이 선거를 회피하고 분단을 고착화하는 방향으로 나아가게 됩니다. 이렇게 약속이 지켜지지 않고 시간이 계속 흘렀고, 그런 상황에서 1964년이 되자, 미군이 베트남에 본격적으로 투입되기 시작합니다.

미군의 목적은 사실상 미국의 괴뢰국가였던 남베트남을 지원하여 공산국가 북베트남과 공산주의 민병대인 남베트남 민족해방전선(베트콩)을 제압하고 이 지역에서 소련의 영향력이 커지는 것을 막는 거였죠. 또 베트남은 한국과 달리 천연자원이 풍부했다는 것도 영향을 끼쳤습니다. 고무, 주석, 석유, 이런 자원이 풍부한 지역이었기 때문에 이 일대의 천연자원을 미국의 통제하에 두겠다는 목적도 있었던 거죠.

1959년 베이징을 방문한 호찌민. 왼쪽부터 당시 소련 공산당 서기장이었던 니키타 흐루쇼프(Nikita Khrushchyov), 마오쩌둥(毛澤東), 호찌민, 쑨원(孫文)의 아내이자 당시 중화인민공화국의 지도자 중 한 명이었던 쑹칭링(宋慶齡).

사실 미군의 개입이 시작될 때만 하더라도 미국 내부에서는 이 전쟁이 금방 끝나리라는 전망이 우세했습니다. 미국이 지금도 초강대국이지만, 이때도 세계의 절반을 사실상 지배하고 있던 초강대국이었거든요. 이 전쟁에 소련도 적극적으로 개입해서 미국과 소련의 대리전이 되었으면 모르겠는데, 소련은 그만큼의 개입은 하지 않았어요. 그러니까 사실상 미국과 베트남의 전쟁이었는데, 그 국력의 차이에도 불구하고 전쟁이 잘 안 끝납니다.

그 이유가 뭐냐. 다음 쪽의 사진이 베트남 정글의 사진인데요. 엄청나게 빽빽한 정글이 펼쳐져 있어서 미군이 아무리 투입되더라도 이 정글에서는 앞도 보이지 않고 적의 병사들이 어디 숨어 있을지 알 수도 없어서, 병력이 많다는 것이 큰 의미가 없었던 거죠. 탱크나 전투기도 이 정글에서는 크게 힘을 발휘하지 못했고요. 또 그 아래는 당시의 베트콩들이 사용했던 땅굴 입구의 사진인데요. 이 땅굴 속에 침대도 가져다 놓고 밥도 해먹으면서 게릴라전을 한 거죠. 이런 정글에서의 전투는 이제껏 미군이 경험해 본 적 없는 전투였고, 더하여 통일을 향한 북베트남 정권과

Vyacheslav Argenberg[http://www.vascoplanet.com/]

베트남의 정글(위)과 땅굴의 입구(아래).

베트콩들의 집념도 강력했습니다. 그래서 전쟁은 길어지기 시작했고, 64년에 시작된 전쟁은 5년이 지나 1968년을 맞이하게 됩니다.

이렇게 전쟁이 길어지면서 미국 내부에서도 전쟁에 반대하는 여론이 일어나기 시작하는데요. 제2차 세계대전을 치르면서 사람이 많이 죽었고 전쟁의 기억이 아직 남아 있는데, 이 베트남 전쟁을 또 언제까지 할 거냐라는 반전 여론이 있었던 거죠. 미국 정부는 전쟁은 곧 끝날 것이라고 강조하면서 자국 내의 이런 불만들을 통제하고 있었습니다. 국력 차이가 엄청나서 금방 끝낼 수 있을 것이라는 이야기가 어느 정도는 먹혔던 거죠.

구정공세의 효과

그러던 중인 1968년 1월, 아시아의 명절 구정에 이 전쟁의 결정적인 분수령이 될 사건이 발생합니다. 이른바 '구정공세'로 불리는 북베트남 진영의 대공세입니다. 구정이 베트남어로 '테트'(Tet)라서 영어로는 '테트 오펜시브'(Tet Offensive)라고 불리는 공세였는데요. 명절로 분위기가 풀어져 있는 틈을 타 베

구정공세로 검은 연기가 자욱한 사이공의 모습.

트콩들이 남베트남의 41개 도시에 기습을 가한 사건이었습니다. 미군 역시 명절에 쳐들어오겠냐고 생각하고 병사들에게 휴가도 주고 그랬는데, 북베트남이 의표를 찌른 급작스런 기습을 한 거죠. 그래도 미군과 남베트남군은 적지 않은 피해를 입으면서도 잘 막아 냈습니다. 게다가 이 공격을 계기로 남베트남에 숨어들어 있던 베트콩 조직까지 거의 궤멸시키는 데 성공했는데요. 그래서 어떻게 보면 공격 자체는 실패로 끝나게 되어요.

그런데 이 구정공세가 다른 문제를 일으킵니다. 북베트남의 병사들이 미군과 남베트남군을 기습하면서 도시로 들어와 버리면서 문제가 생긴 건데요. 그렇게 도시에서 전투가 벌어지다 보니 공격당하는 도시와 죽어 가는 미군들이 방송국 카메라에 찍혀서 당시의 뉴미디어인 컬러텔레비전으로 미국 전역에 송출이 되어 버립니다. 이게 왜 중요할까요? 아까 말씀드렸듯이 미국은 전쟁이 곧 끝날 거라고 하면서 미국 내부의 불만을 차단하고 있었는데, 이런 장면들이 방송으로 비춰지니까, 미국 국민들이 알아채 버린 거죠. 전쟁이 쉽게 끝나지 않을 거라는 진실을 깨달아

버린 겁니다.

당시에는 뉴스 영상의 구도부터 오늘날 전쟁뉴스와는 많이 달랐습니다. 오늘날에는 전쟁을 보여 줘도 주로 먼 곳에서 폭격을 하는 장면을 보여 주거나 하지 사람들을 근접해서 보여 주지 않습니다. 애초에 방송 카메라와 기자를 바로 옆에서 총을 쏘는 곳까지 보내지도 않고요. 그에 비해 당시 구정공세를 보도한 뉴스를 보시면 정말 난리도 아닙니다. 코앞에서 폭발이 일어나고, 총격이 오가고, 사람들이 쓰러지고 피를 흘리며 실려 가는 장면이 여과 없이 생생하게 그대로 다 나와요. 지금도 유튜브에 '테트 공세'로 검색하시면 그 뉴스를 쉽게 찾아보실 수 있습니다. 이게 당시 미국 국민들에게 얼마나 큰 충격이었을지 짐작이 가세요?

앞서 말씀드렸던 것처럼 68혁명이 벌어지던 1960년대는 텔레비전의 시대였습니다. 브라운관 자체는 20세기 초에 이미 발명됐지만, 제2차 세계대전 탓에 널리 퍼지지 못했는데요. 1950년대 들어 컬러 텔레비전의 발명과 함께 텔레비전이라는 매체가 전 세계로 폭발적으로 퍼져 나가게 됩니다. 색감, 움직임, 음향…, 이 새로운 매체는 이전에 느낄 수 없었던 현실감으로 시청자들을 사로잡았던 거죠.

그래서 당시 구정공세를 중계한 뉴스 영상이 텔레비전이 이제 막 본격화된 당시에 사람들에게 어떤 감각으로 받아들여졌을지 생각해 볼 필요가 있습니다. 이렇게 충격적인 감각의 영상들, 즉 구정공세의 현실감과 선쟁의 참상이 찍힌 영상이 미국인들에게, 아니, 미국뿐 아니라 텔레비전을 구매할 여유를 가진 세계 곳곳의 사람들에게 여과 없이 전달되었습니다. 그것을 우리는 '연출되지 않은 전쟁의 이미지'라고 부를 수 있을 것 같아요.

2. 이미지, 전염되는 진실의 언어

진실과 이미지

이번 파트에서는 '이미지'를 '전염되는 진실의 언어'라는 주제로 다뤄 볼 텐데요. 먼저 '진실'이라는 말에 초점을 맞춰 보겠습니다. 프랑스의 사상가 조르주 디디-위베르만(Georges Didi-Huberman)은 이미지에 대한 연구로 잘 알려진 학자인데요. 여기서 이미지는 사진이나 영상 같은 실제적인 이미지들은 물론 포함이 되고요. 그 외에도 우리가 시각적으로 접하는 상을 모두 포괄한다고 생각하시면 됩니다. 우리가 어떤 사람에 대한 상을 가지고 있다고 할 때, 그 사람을 떠올리면서 어떤 모습이나 장면을 떠올리잖아요. 그럴 때도 실제 눈으로 들어오는 것은 아니지만 시각적으로 포착된다고 할 수 있겠지요. 이런 모든 상을 이미지라고 합니다.

아무튼 디디-위베르만은 '이미지'에 두 가지 속성이 있다고 합니다. 이미지의 첫번째 속성, 그것은 단순성입니다. 왜 단순할까요? 이미지는 시각적입니다. 우리가 눈으로 그것을 포착하는 순간 이미지는 분석하고 사고하기에 앞서 우리의 머릿속으로 짓쳐 들어오죠. 그 지극히 단순한 방법으로 우리의 의식을 장악하는 것이기 때문에 '단순성'을 이미지의 속성이라고 이야기합니다.

그럼 두번째 속성은 뭘까요? '복합성'입니다. 왜 단순하다고 해놓고는 바로 복합적이라고 하는 걸까요? 일단 짓쳐들어온 이미지를 받아들이고 나면, 우리는 그 이미지를 해석하면서 이미지에게 각자 방식대로 제자리를 찾아 주려 한다는 겁니다. 이미 자신이 알고 있는 다른 기억들과 견주고, 곱씹고, 해석하고, 상상하는 복합적인 과정을 거친 끝에 자기 나름대로의 설명을 달아 머릿속 생각의 지도에서 알맞은 자리를 찾아 그 이미지를 배치합니다. 그런 의미에서 이미지는 복합적인 거죠. 우리는 그 행위를 '사유'라고 부를 수 있다는 거고요. 정리하자면 이미지는 우리에게 느닷없이 달려들고, 우리를 뒤흔들고, 사유하게 한다고 이야기할 수 있겠습니다.

베트남 전쟁의 이미지들, 컬러텔레비전이 쏟아낸 그 이미지들은 정확히 그와 같은 역할을 수행했습니다. 전쟁을 실제로 경험했건 아니건, 전쟁에 관심을 갖고 있건 아니건 모든 사람이 그 영상을 보는 순간 이미지에 습격당합니다. 그리고 동시에 그것이 뭔지, 그것이 무엇이기에 나를 굳어 버리게 만드는지 사유할 것을 요구받습니다. 이 전쟁의 '진실'과, '도덕'에 대하여 사유할 것을 요구받는 것입니다. 이렇게 베트남 전쟁의 '연출되지 않은' 이미지들은 대중들에게 단일하고 순수한 '진실'로 다가왔다는 점을 기억해야 합니다.

전쟁과 사진

사실 엄밀히 말하면 19세기 말부터 수행된 앞선 거대한 전쟁들 역시도 사진을 통해 이미지를 생산했습니다. 다음에 나오는 사진 중 위쪽 사진은 일본군과의 전투 후 미군이 이오지마에 성조기를 세우는 장면을 찍은 사진이고, 아래 사진은 함락된 베를린에 소련 깃발이 올라가는 장면인데, 이 두 사진은 실제 장면을 찍은 것이 아니라 나중에 다시 찍은 연출된 이미지들입니다. 이렇게 이전의 전쟁 이미지들은 대개 연출된 이미지들이었습니다. 영광스런 아군의 승리, 적들의 잔학무도함, 무고한 희생자들, 종전의 짜릿함. 이런 감각들을 스스로 인위적으로 만들어 낸 것이었죠. 하지만 베트남 전쟁과 컬러텔레비전의 등장은 그러한 연출을 불가능하게 만들었습니다.

> 실질적으로, 잘 알려진 사진들이 연출되지 않은 채 찍히게 된 것은 베트남 전쟁 때부터이다. 그리고 바로 이 점이야말로 한 세대의 의식에 아로새겨지게 된 이미지들이 지닌 도덕적 진정성의 핵심이다. [···] 이렇게 된 이유를 설명해 줄 수 있는 한 가지 설명 방식이 있다. 베트남 전쟁의 경우에는 텔레비전이 전쟁의 이미지들을 보여 주는 결정적인 매체가 됐고, 그에 따라 라이카나 니콘 카메라를 손에 든 채 상당 기간 숨어 다니며 행동했던 대담하고 고립된 사진작가들은 이제 텔레비전 스태프들과 경쟁해야만 했으며, 그들의 접근을 참아내야

Joe Rosenthal[wikipedia.org](위)
Yevgeny Khaldei[Mil.ru](아래)

이오지마에 성조기를 세우는 미군들(위)과 베를린 국회의사당에 소련기를 꽂고 있는 소련군(아래).

만 했다. 수전 손택, 『타인의 고통』, 이재원 옮김, 이후, 2004, 90쪽

수전 손택(Susan Sontag)의 말인데요. 다시 말해 영상을 찍어서 그 자리에서 송출하다 보니 연출될 여지가 없는 거죠. 전쟁이 영광된 것이 아니라는 것, 총소리가 나고 사람들이 죽고 끌려 나가는 모습 그리고 사람들이 겁에 질려 우왕좌왕하는 모습이 바로 전쟁의 진실이라는 것이죠.

텔레비전의 등장은 이제 텔레비전과 경쟁하게 된 사진작가들에게도 영향을 미쳤습니다. 그들 또한 연출된 이미지를 저버리게 된 것인데요. 수많은 사진작가들이 목숨을 걸고 군대와 함께 정글을 누비며 연출되지 않은 전쟁의 순간들을 찍어 본국으로 보냅니다. 그리고 이 이미지들은 전쟁터로부터 떨어져 있던 서방세계의 대중을 융단 폭격합니다. 그들에게 이 연출되지 않은 이미지들은 '진실', 부도덕한 미국 정부가 감추고 있던 그런 추악하고 잔혹한 현실을 보여주는 '진실'로 받아들여졌고, 우리는 이제 이 진실을 믿고 생각하고 행동해야 하겠구나, 이렇게 다가왔다는 겁니다.

Eddie Adams/ AP(왼쪽 위), Nick Ut/AP[1972](오른쪽 위), Ronald L. Haeberle(왼쪽 아래), Peter Arnett/Associated Press Manhhai[https://flic.kr/p/VoeVPX](오른쪽 아래)

1968년 구정공세 직후 베트남 공화국 경찰 총수였던 응우옌 응옥 로안이 베트콩 용의자인 응우옌 반렘을 처형하는 장면(왼쪽 위). 네이팜탄의 공격을 피해 달아나는 아이들(1972년, 오른쪽 위). 미군의 사진사였던 로널드 헤벌리(Ronald L. Haeberle)가 찍은 미라이 양민학살(1968년 3월 16일, 왼쪽 아래). 부상당한 미군 병사(1965년, 오른쪽 아래).

앞의 사진들은 베트남 전쟁과 관련해서 잘 알려진 사진들입니다. 도심에서 즉결처형을 하는 장면이나, 네이팜탄의 폭격 속에서 살아남은 아이들이 달아나는 사진, 미군이 벌인 학살, 그리고 부상당한 병사의 모습…. 이전이라면 군인을 이렇게 묘사하지 않았겠죠. 더 당당하고, 미소를 띠고 있고, 애국심으로 벅차 있는 사진을 찍었을 텐데, 피로에 찌들고 고통스러워하고 있는 병사들의 이미지가 본국으로 보내진 겁니다.

이렇게 연출되지 않은 전쟁의 이미지. 그것은 일찍이 대중들에게 공유된 바 없었던, 대중들까지 도달할 일이 없었던 전쟁에 대한 새로운 언어였습니다. 그리고 그 새로운 언어는 일찍이 미국 정부가, 그리고 서방세계가 예측할 수 없었던 사태를 불러일으키게 되는데요. 베트남 전쟁의 '전선'이 미국 안으로, 유럽 곳곳으로, 그 외 아시아의 몇몇 국가들로, 세계 곳곳으로 걷잡을 수 없이 퍼져 나갔던 것이죠. 이미지의 언어는 우리가 사용하는 기존의 언어를 넘어선, 일종의 '전염력'을 가지고 있었고 그 전염이 급속히 번져 나가기 시작한 겁니다.

전염 : 모든 것을 넘어서

이렇게 '진실'이라는 측면에서 이미지를 살펴보았는데요. 이제부터는 '이미지 언어의 전염'에 대해 말해 보려고 합니다. 먼저, 68의 젊은 세대 사이에서 이미지 언어가 어떻게 전염이 되었는지를 살펴보겠습니다.

베트남전 반전운동에서 관찰된 놀라운 현상 중 하나는 학생들을 중심으로 이루어진 국제적인 연대였습니다. 베트남전에 반대하는 이들의 움직임은 1965년부터 부상하기 시작해 68년에 절정에 달했는데, 사실 첫해인 65년만 해도 이들의 움직임은 찻잔 속 태풍에 불과했습니다. 이 무렵에는 심지어 장 폴 사르트르마저 미국에서 날아온 반전집회 연설 요청을 '정치적 비중이 전혀 없는 사람들이 벌이는 시간 낭비'라며 거절하는 일도 있었어요. 그런데 3년이 지나서 구정공세가 벌어지고 그 장면을 텔레비전이 전 세계로 쏘아 내기 시작하면서, 반전운동의 열기가 서구 전체를 강타합니다. 우리는 68년 2월 독일 베를린에서 열린 '베를린 국제 베트남 회의'의 풍경을 통해 그 열기를 실감해 볼 수 있습니다.

베를린에서 열린 '국제 베트남 회의' 참가자 3천 명은 우레와 같은 박수를 치고 박자를 곁들인 손뼉에 맞춰 베트남민주공화국 대통령 호찌민의 이름을 소리 높여 연호했다. [...] 프랑스만 해도 좌파와 급진좌파 그룹을 대표해 3백 명이 왔다. 영국에서는 베트남 연대 캠페인 VSC와 영국 신좌파의 타리크 알리, 로빈 블랙번이 왔고, 이탈리아에서는 [...] 1만 5천 명의 참가자가 "호! 호! 호찌민!", "우리는 급진적인 소수다!"를 외치며 부드러운 물결처럼 베를린 시가를 가로질러 이동해 간다. 사회학자 로빈 블랙번이 나중에 평가하듯, 처음으로 "1968년의 정신"을 느낀다고 믿은 순간이자, "고무적인 새로운 정치적 분위기"였다. 잉그리트 길혀홀타이, 『68혁명, 세계를 뒤흔든 상상력』, 정대성 옮김, 창비, 2009, 26~36쪽

시위 풍경도 풍경인데, 베를린이라는 도시의 특수성도 생각해 보아야 합니다. 당시에 독일도 둘로 나눠져 있었죠. 동독과 서독으로. 역시 냉전 질서의 영향으로 그렇게 분단이 되어 있었던 거죠. 베를린도 동서로 나뉘어 있었는데 그 중 서베를린은 서독의 수도였고요. 그러니까 미국, 영국, 독일, 이탈리아, 그

Stiftung Haus der Geschichte[https://flic.kr/p/r6PgYU]

베를린에서의 학생 시위. 학생들은 레닌과 로자 룩셈부르크의 사진과 함께 호찌민의 사진을 들고 행진을 하고 있다.

외 여러 나라들에서 온 수많은 학생들이, 냉전 질서의 상징과도 같은 도시 서독 베를린에서, 제3세계 동남아시아 빈국의 공산주의 지도자 이름을 외치며 시위를 벌인 것입니다. 이것은 뭘 이뤄 냈건 아니건, 그 자체로 하나의 스캔들이었습니다. 경찰들이 투입되었고, 뿐만 아니라 몽둥이로 무장한 극우파 그룹들도 베를린으로 집결했습니다. 칼날 위를 걷는 듯한 위험 속에서 시위는 이어졌고, 이 시위의 장면 역시 텔레비전을 통해 송출됩니다. 그 모습을 본 기성세대는 이념이나 성향과 관계없이 큰 충격을 받았고요.

한데, 그 가운데 유독 눈에 띄는 장면이 하나 있었는데요. 당시 독일의 학생지도자였던 루디 두취케(Rudi Dutschke)가 학생 군중 앞에서 연설하는 장면입니다. 이 시위에 참가했던 프랑스인 다니엘 벤사이드(Daniel Bensaïd)의 증언에 따르면, 유럽 각국에서 몰려든 학생 군중 모두가 독일어를 할 수 있었던 건 아니었다고 합니다. 그럼에도 두취케는 그들 앞에서 독일어로 연설했고, 그것은 아무런 문제가 되지 않았다고 벤사이드는 이야기하고 있습니다.

1968년 2월 암스테르담에서 열린 반미 시위에 참여한 루디 두취케(왼쪽에서 세번째).

> 필자는 프랑스인이 국제 베트남 회의장에서 모두 독일어를 이해했냐고 궁금해서 물었다. "아닙니다"라고 대답하며 벤사이드는 독일어가 반드시 필요하지는 않았다고 덧붙였다. 독일어를 몰라도 두취케를 이해할 수 있었다는 말이다. 두취케가 언어를 초월해서 뿜어 낸 영향력에 대한 그런 설명은 (이에 관련된 여러 사람을 인터뷰한) 필자에게 이미 익숙하다. [⋯] 두취케가 그렇게 "카리스마 넘치는" 점이 대체 무엇이냐는 필자의 질문에, "연단으로 걸어가는 모습, 가죽점퍼를 벗는 폼, 마이크를 잡는 방식"이라고 답한 것이다. 국제 베트남 회의에서도 두취케의 카리스마는 그 위력을 잃지 않았다. 길혀홀타이, 『68혁명, 세계를 뒤흔든 상상력』, 34쪽

그러니까, 이 사람이 연단에서 무슨 말을 하는지는 몰라도, 그 사람의 어조와 표정과 행동을 포착하면서 그 사람이 무엇을 말하는지와 그 정서가 퍼져나갔다는 거예요. 이 두취케의 사례는 학생들의 범국가적 연대에 있어 이미지-언어가 수행한 역할을 드러내는 부분 중 하나라고 할 수 있습니다. 좀 더 가볼게요 『세계를 뒤흔든 1968』의 저자 크리스 하먼

(Chris Harman)은 68의 학생 세대가 처음부터 정치적이었던 건 아니라고 못박고 있습니다. 많은 학생들이 기존의 좌파적 정치세력, 그러니까 전통적 마르크스주의자들과는 처음부터 거리를 두고 있었는데, 그들의 관심은 계급투쟁보다 반권위주의에서 시작했으며, 그들의 방법론은 정치적 논쟁과 더불어 '대항문화'와 함께 이뤄졌다는 겁니다. 대항적 이미지, 다시 말해 언더그라운드 영화, 포크 음악, 마약, 환각제, 히치하이킹 여행, 밥 딜런과 롤링스톤스와 제니스 조플린, 이런 대중문화는 그들의 혁명론과 분리될 수 없었다는 거지요. 서점과 노상카페, 포스터 가게와 독립영화관을 그들의 근거지로 삼고 아침이면 시위를 하고 저녁이면 거기로 돌아오는 삶을 살았던 거예요.

그들 중 일부는 히피가 되어 현실 정치권력에 맞서기보다는 외떨어져 독립적인 공동체를 꾸리고 자신들의 삶을 어떻게 더 자유롭고 풍요롭게 영위할 것인가에 대한 고민에 몰두했습니다. 하지만 또한 적지 않은 수는 그 음악과 영화와 텔레비전 이미지들에 발디딘 채 현실 정치권력과의 대결에 뛰어들었던 것이고요. "머리에 꽃을 꽂고 다녔던" 많은 학생들이 불과 일이 년 사이에 머리에 꽃을 꽂은 채로 거리로 나서서 몽둥이를 든 경찰과 대치했던 장면이 상징적이라고 할 수 있겠지요. 그들은 마르크스의 치밀한 계급이론에 이끌려서가 아니라, 텔레비전과 수많은 사진을 통해 머리 위로 쏟아지는 전쟁의 이미지와 부패된 기성세대가 세계에 대해 저지르고 있는 만행의 이미지에 도덕적으로 반발해서, 또 그 반란의 첫 물결에 선 전위들(두취케를 비롯한 학생지도자들, 그리고 굴지의 미남이었던 체 게바라의 사진들)의 이미지에 매혹되어 거리로 나서는 경우가 많았습니다. 그리고 이미지 언어가 초래한 전염이 이런 형태로 학생들 사이에서만 이루어졌던 것은 아니었습니다. 베트남전 반전운동에서 이미지 언어는 인종, 성별, 국경과 세대를 넘어서는 힘을 내보였으며, 그럼으로써 다양한 계층의 사람들을 하나로 묶어 내는 효과가 있었습니다.

미국의 역사학자 하워드 진(Howard Zinn)을 대표적인 예로 들어 볼 수 있을 텐데요. 그는 제2차 세계대전 당시 미군의 폭격수로 근무했는데, 전쟁이 끝나고 나서 역사학을 공부하면서 그때의 기억으로 인해 강력한 전쟁 반대론자가 된 인물입니다. 그런데 이

1967년 10월 21일 펜타곤으로 향하는 반전 행진 중 시위대가 군인에게 꽃을 건네고 있다.

사람의 책들을 보면 종종 당시 일본의 베트남전 반전 운동가들에게 초빙을 받아 일본을 방문했던 경험에 대한 내용이 나옵니다.

당시 일본에도 베트남 전쟁에 반대하는 반전운동가들이 있었는데 그 사람들이 하워드 진을 초청한 겁니다. 그런데 사실 하워드 진은 일본에 갈 때 마음이 굉장히 무거웠대요. 왜냐하면 자신은 제2차 세계대전에 참전을 했고, 그 전쟁에서 미국과 일본은 적국이었잖아요. 그리고 그 전쟁은 미국이 일본에 원자탄을 떨어뜨림으로써 끝이 났죠. 하워드 진은 그 전쟁에 참전했던 사람으로서 적들에게 수많은 폭탄을 떨어뜨린 사람으로서, 연대를 위해서는 가야 하지만 차마 발걸음이 떨어지지 않았던 거죠. 그럼에도 불구하고 그는 결국 2주간 일본을 방문하면서 베트남전에 대한 강연을 하며 끊임없이 지난 전쟁인 제2차 세계대전의 상흔과 마주치게 됩니다.

하워드 진은 진주만 폭격 당시 미국에서 유학하다가 일본계라는 이유로 체포된 철학자, 원자탄이 떨어진 히로시마의 생존자, 제2차 세계대전 당시 일본이 아시아의 많은 나라들을 침략했던 역사를 수치스

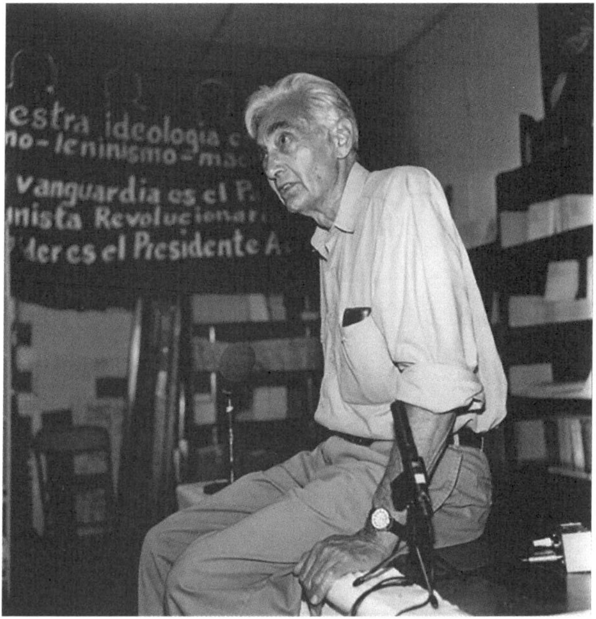

Slobodandimitrov[wikipedia.com]

『미국민중사』를 통해 '아래로부터의 역사'라는 관점에서 미국사를 재구성해 낸 걸출한 역사학자인 하워드 진은 1960년대의 흑인민권운동, 베트남전 반전운동 등을 시작으로 생애 내내 평등과 평화를 위해 투쟁했다. 이렇게 사회운동에 평생을 바친 데에는 폭격수로 복무했던 제2차 세계대전의 경험과 그것에 대한 반성이 자리잡고 있었다.

럽게 여기는 젊은 대학생들, 이런 사람들과 만나 대화를 합니다. 거기서, "당신들은 우리가 아시아에서 조선과 중국에 한 일을 베트남에서 하고 있는 겁니다"라는 이야기를 들었고요. 그리고 그는 그들 모두가 한 목소리로 베트남전에 반대하는 것을 보며 자기 자신의 머릿속에 남아 있는, 자신을 반전운동으로 뛰어들도록 만들었던 전쟁의 참혹한 이미지를 되돌아봅니다.

그의 머릿속에 그려진 두 전쟁, 즉 지금 벌어지고 있는 베트남전과 과거의 제2차 세계대전을 견주면서 몽타주를 구성하는 거죠. 놀라운 사실은 하워드 진이 했던 이러한 연결은 반전운동으로 인해 체포된 수많은 미국인들이 법정에 서서 했던 이야기들과도 통하는 부분이 있다는 겁니다. 그들은 법정에서 제2차 세계대전과 히로시마 혹은 홀로코스트에 대해 말했다고 합니다. 그리고 대부분의 판사들은 그들이 왜 그 자리에서 그런 이야기를 하는지 이해하지 못하거나, 아니면 '지나치게 본질적인 지점'을 말한다는 이유로 그들의 주장을 받아들이지 않았다고 하고요.

귀환 병사, 람보

그런가 하면, 이제 베트남 전쟁에서 돌아온 병사들이 있겠죠. 이 전쟁이 7년이나 되었기 때문에 여러 이유로 돌아온 병사들이 많았는데, 이런 귀환병들 중에서도 반전운동에 가담한 이들이 적지 않았습니다. 그들은 자신들이 베트남에서 받은 훈장을 반납하고, 그들 뇌리에서 결코 지워지지 않을 전쟁의 기억-이미지에 대해 울분에 차 토로했습니다. 전장에서 벌어지는 빈번한 민간인 학살, 상관의 이해할 수 없는 명령에 의한 무의미한 희생, 그리고 고국에 돌아온 자신들에게 쏟아지는 냉담한 시선. 미국 정부는 애써 그들을 외면했지만 텔레비전과 스크린, 대중음악은 그러지 않았습니다. 그들 뇌리의 전쟁의 이미지는 훗날 전쟁의 가장 비참한 모습을 조망하는 노래와 영화들로 만들어졌죠. 「플래툰」, 「풀 메탈 자켓」, 그리고 「람보」.

예전에는 「람보」가 굉장히 유명한 영화였는데, 지금은 모르겠습니다. 잘 모르는 사람도 많을 것 같아요. 다음에 나올 사진을 보시면 아시겠지만, 「람보」 1편에서 람보의 모습은 일반적으로 알려진 모습과는 좀 다른 모습입니다. 보통 '람보' 하면 근육질의 남자가 기관총을 들고 정글에서 적군을 쓸어버리는 굉장히 마초적인 이미지를 떠올리게 되는데요. 막상 '퍼스트 블러드'라는 제목이 붙은 1편에서 람보는 피폐하고 찌든 얼굴로 어느 마을에 나타납니다. 마을 사람들은 수상한 외지인이라고 생각해서 외면을 하고요. 「람보」 1편은 베트남 귀환병들의 이야기이거든요. 정글에서 마구 총질을 해대는 이미지는 그 이후의 편들에서 만들어진 이미지들이고, 「람보」 1편 자체는 베트남에서 돌아온 병사들이 어떤 일을 겪었느냐가 주된 내용입니다. 또 다른 영화 「풀 메탈 자켓」에서는 베트남 전쟁으로 보내지기 전의 훈련소가 그려져 있고, 이곳에서 전장으로 보내질 병사들이 어떤 일을 겪는지를 그려 내고 있습니다.

이렇게 전쟁에 나가는, 혹은 돌아온 병사들을 그린 영화들(이미지들)을 볼 때 상황은 명백해 보입니다. 미국의 젊은이들은 자신들의 의지와 상관없이 징병당해 베트남으로 끌려가고 있었고, 그것을 미국인들이 감내했던 이유는 베트남에서의 전쟁 또한 나치와 싸운 제2차 세계대전과 마찬가지로 '정의로운 전쟁'이라는 믿음이 있었기 때문이었습니다. 하지만

테드 코체프(Ted Kotcheff) 감독의 「람보 1 : 퍼스트 블러드」에서의 람보의 모습. 이후의 속편들에서와 달리 1편에서 람보는 피폐하고 찌든 귀환병의 이미지로 등장한다.

그들을 덮친 이미지들은 그 전쟁에서 죽어 나가는 양민들, 특히 여자와 아이들, 또한 비참하게 죽어 가는 미군 병사들, 참상에 넋을 놓아 버린 병사들, 비열한 살인자의 얼굴을 한 병사들을(그 '병사'들은 바로 얼마 전까지만 해도 동네에서 마주칠 수 있던 이웃의 젊은이들이었겠지요) 보여 주고 있었던 거죠. 때맞춰 사실이 전쟁의 중요한 목표 중 한 가지가 베트남의 주석, 석유, 고무를 확보하기 위한 것이라는 정부의 기밀서류까지 유출되기 시작합니다. 1969년 MIT 특별연구원이었 대니얼 엘즈버그(Daniel Ellsberg)와 앤서니 루소(Anthony Russo)가 미군의 싱크탱크인 랜드연구소에서 베트남전 비밀보고서 7천 쪽 분량을 유출한 사건이었는데요. 이 문서는 1971년에야 『뉴욕타임스』에 실렸고, 엘즈버그와 루소는 각각 130년 형, 40년 형을 선고받을 뻔했으나, 정부가 그들을 감시하고 추적하는 과정에서 불법적 수단을 동원했음이 드러나 심리는 무효가 되었고 그들은 방면됩니다.

이러한 문서 유출과 더불어 부유한 백인 집안의 자제들은 징병되지 않고, 유색인종과 가난한 집안의 아이들부터 징병되고 있다는 증언이 군인들에 의해

Elvert Barnes[https://flic.kr/p/h1pdw]

2006년 백악관 앞에서 열린 평화운동단체 <코드핑크>가 벌인 시위에서 발언하는 대니얼 엘즈버그(사진 중앙 마이크를 들고 있는 인물).

빗발쳤습니다. 정부가 그들을 속이고 있었던 것이고요. 감추어졌던 '진실'은 이제 그들의 눈앞에 있었습니다. '이미지 언어'로 전달되는 '진실'이었죠. 그 새로운 진실의 언어는 어떤 장벽에도 구애받지 않고 전염되어 사람들의 움직임을 추동했고, 그게 바로 혁명이었습니다.

이제 사람들은 더 이상 망설이지 않고 거리로 몰려나왔습니다. 미국에서, 그리고 독일, 영국, 프랑스, 이탈리아, 일본에서. 그들은 거리를 점거하고, 함께 노래하고, 춤추고, 토론하고, 싸웁니다. 베트남이라는 이름이 국적과 인종과 계급과 다른 숱한 것들을 초월해 그들을 하나로 연대하게 했고요. 이미지 언어는 젊은이들의 대항문화, 노년 세대가 간직한 세계대전의 경험, 참전 군인들이 지닌 고통의 기억 등 본디 결코 섞일 수 없었을 것들을 매개하여 진실에 대한 사유와 도덕적 실천의 이름 아래 하나로 묶어 냅니다. 그들의 신체는 그 거리에 하나가 되었고, 그들의 낭만적인 공론장도 그 거리에 있었던 거죠.

이렇게 '전선'은 계속 확대되어 전쟁에 반대하는 군중은 계속해서 불어납니다. 이제 미국정부는 베트남 병사들뿐만 아니라 전쟁에 반대하는 자국민들, 심지어는 전쟁의 당사자가 아니면서도 전쟁에 반대하는 서방세계와 일본의 젊은이들을 상대해야 했습니다. 그를 진압하는 과정에서의 희생 또한 늘어났으며, 매체들은 국내에서 벌어지는 '전선'의 이미지들까지도 놓치지 않고 포착해 냅니다. 베트콩들의 집요한 저항으로 전선의 상황도 더 나아질 기미를 보이지 않았으며, 소련과 중국의 움직임도 예상할 수 없었습니다. 그렇게 여러 가지 요인들이 겹친 끝에, 1973년, 미국은 결국 베트남에서의 철수를 시작하고 전쟁은 그렇게 끝이 났습니다.

더 이상 도래하지 않을 '승리'를 뒤로 하고

베트남전 반전운동의 '승리'라고 할 수 있을 듯합니다. 전쟁을 결국 끝냈으니까요. 이 승리는 오늘날 수많은 진보적 사회운동에 있어 하나의 신화나 모델과도 같은 지위를 차지하고 있으며, 그 형상들은 수많은 운동들 속에서 끊임없이 다시 언급되고 인용되기도 합니다. 정치적 주체로서 전면에 나선 학생들, 정치적 투쟁과 대항문화의 상호연계, 국경을 초월한 연대, 일부에서 시작해 대중 전체로 퍼져 나가는 혁명적 전염, 새로운 미디어와 이미지 언어, 그 끝에 쟁취하는 승리까지, 이런 모든 이미지들이 신좌파 운동에 대한 하나의 이상적 문법으로 자리잡게 됩니다. 신좌파의 운동이 어떻게 승리를 거둘 수 있을지를 보여주는 하나의 이상, 이 시대의 새로운 혁명에 대한 이미지가 된 겁니다. 오늘날의 우리는 그 이미지를 뉴욕의 월가 점령 시위부터 촛불시위에 이르는 숱한 정치 운동들에 투영합니다.

그러나 동시에 우리는 베트남전 이후의 그 어떤 전쟁도 베트남전과 같은 식으로 흘러가 끝난 적이 없음을 알고 있죠. 걸프전, 코소보 내전, 이라크전, 아프리카의 내전들, 테러와의 전쟁, 코로나 전쟁, 어느 것 하나 베트남 전쟁과 같이 이상적인 이미지로 흘러가지 않았습니다. 사실 그것은 당연한 것일지도 모르겠습니다. 왜냐하면 우리는 더 이상 베트남전 때와 같은 방식으로 매체와 이미지를 받아들이지 않으며, 이미지들 역시 그때와 같은 방식으로 작동하지 않기 때문입니다.

1960년대를 장악했던 뉴미디어 컬러텔레비전

은 이제 천천히 구시대의 유물로 밀려나며 자리를 내어 주는 중입니다. 대신 그 자리는 인터넷과 소셜 네트워크 서비스, 다양한 영상 플랫폼, 그리고 그것들을 기반으로 한 새로운 1인 미디어들이 장악해 나가고 있죠. 지금은 사적 영역과 공적 영역이 혼재된 채 하루하루 판도가 변화하는 과도기라고 할 수 있습니다. 그리고 그들 미디어들이 지향하는 바는 모두 제각각이에요. 하지만 유일하게 한 가지만은 예나 지금이나 다름없이 공통적인 가치로 언급되고 있습니다. 그것은 바로 '진실'이라는 가치입니다.

오늘날 우리가 접하는 '매체'들도 '진실'을 강조하고 있는데요. 대표적인 보수계열 팟캐스트 중 하나는 그 캐치프레이즈로 "진실만을 추구하는 본격 시사 팟캐스트"라는 문구를 전면에 내세우고 있고요. 소위 '진보진영'에서 열광했던 손석희의 뉴스룸 역시 "진실이 뉴스가 됩니다"라는 문구를 내걸고 있습니다. 또 "진실을, 모든 진실을, 오직 진실만을"이라는 글귀도 인용하고 있는데, 이건 프랑스 르몽드 신문의 창립자 위베르 뵈브메리(Hubert Beuve-Méry)가 말한 메시지입니다.

어쨌든 과거와 현재의 매체와 이미지가 수용되는 방식이 완전히 바뀌었는데도, 끊임없이 '진실'이 이야기된다는 점에 주목할 필요가 있습니다. 그러니까 베트남 전쟁에서 당시 이미지, 매체들이 수행한 '진실'을 밝히는 역할은 이미 하나의 이정표가 되어버린 것입니다. 앞서 말씀드렸듯이 당시의 텔레비전과 사진은 이전과는 달리 연출되지 않은 날것의 전쟁 이미지를 생산했으며 그 이미지들은 사람들에게 그 자체로 하나의 유일한 '진실'로 받아들여졌습니다. 그리고 이 진실은 사람들을 분노로 묶었고 거리에는 공론장이 형성되었으며 현실의 변화를 추동하게 되는 거죠.

그러나 오늘날 상황은 바뀌었습니다. 다채로워진 매체들은 베트남 때와 비슷하면서도 다른 역할을 수행하고 있죠. 각종 인터넷 뉴스매체들과 다양한 유튜브 채널들은 특정 소비자들의 성향에 맞춰 재구성된 정보와 해석, 이미지를 쏟아 내고, 그것들은 다시 SNS를 통해 비슷한 성향을 지닌 그룹들 사이로 퍼져나가며 끊임없이 재생산되고 강화됩니다. 그것들은 여전히 전쟁의 이미지, 곧 '진실'을 생산한다고 하고 있습니다. 그리고 대중은 이제 그 '진실'들 중 일부는 선택하고 일부는 버리고 있는 거죠. 과거에는 매체가 생산한 진실이 단일한 것이었습니다. 하나의 단일한 진실. 그래서 사람들을 묶을 수 있었고요. 하지만 오늘날 생산된 진실들은 각각의 전쟁의 이미지들이 품은 각각의 수많은 '진실들'이고, 그것이 오늘날 매체와 이미지의 언어가 생산한 것들입니다. 그래서 이 언어는 이전보다 더욱 격렬하게 감정을 다루며 진영의 분열을 심화시키고 있는 거죠. 베트남전 때의 미디어-이미지가 현실에 유일하게 실재하는 진실을 드러내는 도구로 여겨졌다면, 오늘날 미디어-이미지는 여전히 진실을 이야기하며 자신들이 실재하는 현실을 드러낸다고 주장하지만 실은 스스로 해석을 통해서 수많은 현실을 창조하고 있는 겁니다. 단일한 세계의 진리, 이데아적 진실은 존재하지 않는다고 할 수 있습니다. 그를 둘러싼 주장들만이 있을 뿐이죠.

현재의 다큐멘터리 언어는 강렬한 감정들의 지속적인 주입, 연례 시장의 낡은 호기심을 디지털 시대를 향해 발사하는, 비극과 엽기의 두서없는 혼합을 통해서 관객의 신경을 자극한다. 점점 더 거칠고 점점 더 직접적으로 작용하는 이미지로 — 물론 그 이미지들에서 볼 것은 점점 더 줄어든다 — 영구적 위기 상황을 소환한다.

히토 슈타이얼, 『진실의 색』, 안규철 옮김, 워크룸프레스, 2019, 238쪽

이번 장의 제목을 '이미지, 전염되는 진실의 언어'라고 붙이고 이야기를 드리고 있습니다. 68혁명 당시에 이미지가 어떻게 진실을 추구하는지, 그리고 이미지가 얼마나 강력한 전염력을 가지고 있었는지를 이야기했고요. 68혁명 시기의 이미지와 마찬가지로 우리 시대의 이미지 언어 역시 여전히 강력한 전염력을 가지고 있습니다. 이미지를 보는 순간 공습을 당하고, 이미지는 우리의 정서를 자극하는 방식으로 강력한 전염력을 얻습니다. 하지만 다른 한편으로 그것들은 단일한 진실을 가리키지 않죠. 수많은 각각의 진실을 생산합니다. 결과적으로 끊임없이 우리의 정서를 자극하면서 분열된 진영 속으로 급격히 퍼져 나가면서 그들을 강화합니다. 그러니까 진영과 진영 사이의 분화는 점점 심해지는 거죠.

위에서 인용한 히토 슈타이얼(Hito Steyerl)의 글

넷플릭스의 다큐멘터리 영화 「소셜 딜레마」의 홍보용 포스터. 「소셜 딜레마」는 알고리즘을 통해 정보를 편향되게 습득하거나, 가짜 뉴스를 증폭 생산하도록 하는 소셜 네트워크 서비스(SNS)의 이면을 파헤친 작품으로, 오늘날의 이미지 언어가 처한 상황을 잘 그려 내고 있다.

은 바로 이러헌 현 상황을 이야기하고 있습니다. 이 시대의 이미지 언어는 "점점 더 거칠고 점점 더 직접적으로" 슈타이얼, 『진실의 색』, 238쪽 정서를 다루면서 앎의 가치를 떨어뜨리고 "영구적 위기 상황을 소환" 같은 곳하고 있습니다. 공통의 사유를 성찰한다는 것이 무가치해진 상황에서, 그리고 즉각적인 행동을 요구하는 감정적 대중 앞에서 앎은 무의미한 탁상공론으로 여겨집니다. 다른 한편으로 앎은 분열된 진실의 양상으로 인해 어떠한 의견과 입장의 대립이 발생했을 때, 그 대립의 원인을 '당신이 무지한 탓', '당신이 진실을 모르는 탓'이라고 몰아세울 때 동원됩니다. 다시 말해 오늘날 뉴미디어의 질서 속에서 앎은 반지성주의자들의 방식으로 무용한 것으로 치부되거나, 혹은 계몽주의자들의 방식으로 우월과 위계를 구분 짓기 위한 엄포의 수단으로 전락하고 맙니다.

아르메니아-아제르바이잔, 이 시대 '전쟁의 이미지'

베트남 전쟁의 연출되지 않은 이미지가 세계에 진실을 추동하고 사람들에게 도덕적 실천을 불러일으켰잖아요. 그때 미국이 크게 데였던 거죠. 그래서 이후에는 전쟁 이미지를 생산하는 방식 자체를 바꿉니다. 더 이상 기자들이 구정공세를 취재했을 때처럼 전쟁의 한가운데로 뛰어들지 못하게 합니다. 그 대신 높은 곳에서 촬영한, 포탄이 날아가고 연기가 피어오르는 방식의 전쟁 이미지가 생산됩니다. 걸프전부터 그런 방식이 본격화됩니다.

그런가 하면 오늘의 전쟁의 이미지가 생성되는 방식은 걸프전 때와는 또 다릅니다. 지금 벌어지고 있는 아르메니아 아제르바이잔 전쟁의 이미지 생산이 대표적인데요. 두 나라의 정부가 SNS를 운영하면서 실시간으로 영상을 공유합니다. 적을 어떻게 무찌르는지를 실시간으로 중계하는 겁니다. 병사의 몸에 바디캠을 달아서, 실제로 우리가 어떻게 적들을 죽이고 용맹한 전사들이 이렇게 희생되고 있다고 이데올로기적으로 이미지를 전파하고 있는 거고요. 이렇게 이미지가 공통된 진실과 실천으로 이어지지 않고 분열된 진영의 메시지를 따라가는 식으로 쓰이고 있는 것을 볼 수 있습니다.

이에 대하여 몇몇 철학자들은 서로 비슷한 우려와 비슷한 과제를 제시합니다. 가령 수전 손택은 '전쟁의 이미지, 타인의 고통이 담긴 그 이미지들을 보며 상기하고 사색해야 한다'고 말합니다. 정서적으로 공감해서 연민을 품기보다, 혹은 그 고통에 완전히 공감하지 못한다는 사실에 괴로워하기보다, 그 고통을 설명하려는 기존 권력의 합리화를 성찰하고 검토해 보자고 말하고 있는 것이고요. 조르주 디디-위베르만, 그는 아우슈비츠의 사진들을 가지고 작업을 하는데, 오늘날 이미지 언어가 그렇게 흘러간다고 하더라도, 그럼에도 불구하고 우리는 그 이미지들에 대해서 사유를 멈추지 말아야 한다고 말합니다. 또 히토 슈타이얼은 이미지 언어가 불러일으키는 정서의 영역을 피해 가지 않고 그러면서도 성찰적으로 정치화할 수 있는 그러한 영상, 그러한 다큐멘터리야말로 우리가 고민해야 하는 것이라고 이야기하는데요. 이 사상가들이 공통적으로 하는 이야기는 '그럼에도 불구하고' 우리는 이미지 언어를 사유해야 한다는 것입니다.

하지만 '어떻게 할 것인가'를 물을 수밖에 없습니다. 이렇게 여러 사람이 공통된 지적을 하고 있다는 것은 오히려 이 문제가 결코 풀기 쉽지 않음을 방증하는 것이기도 하고요. 당장 우리 눈앞으로 수많은 전쟁의 양상과 이미지들이 날아들고 있는데, 이런 것들이 비관을 배가시킨다고 할 수 있습니다. 미국에서 코로나와 더불어 일기 시작한 새로운 전쟁, BLM(Black Lives Matters) 역시도 마찬가지입니다. 우리나라에서의 조국 사태에서도, 그 이후의 인천국제공항 정규직 전환 문제에서도, 박원순의 성추행 문제에서도 수많은 이미지들이 쏟아지고, 그 각각의 이미지들은 진실들을 추동하면서 우리의 정서를 자극하고 분열을 심화시키는 방향으로만 작동하고 있죠. 쉼없이 밀려드는 현실과 그를 다루는 이미지 언어는 모든 것을 휘발적인 정서의 문제로 만듭니다. 그 가운데에서 우리는 아직 갈 길을 알지 못하는 거죠.

다만 그 가운데 단 한 가지 확실한 것이 있다면, 다시는 베트남 전쟁의 방식으로 사태가 전개되지 않을 것이라는 사실입니다. 1960년대의 방식으로 다시는 매체와 이미지 언어를 다룰 수 없을 겁니다. 닥쳐오는 현실의 문제들을 해결하기 위해 세계와 마주하는 수단으로서 더 이상 그때와 같은 방식으로 미디어, 이미지, 공통의 진실을 마주하고, 공론장을 향유

할 수 있으리라고 믿어서는 안 된다는 것을 확실히 해 두어야 하는 겁니다. 미디어가 생산하는 이미지가 '진실'이 되어 보편의 공론장을 형성하는 그와 같은 일은 점점 더 드물어질 가능성이 높아 보입니다. 말하자면, 베트남 전쟁은 더 이상 도래하지 않게 될 전쟁이죠. 대신 코로나 전쟁의 양상은 이제 한동안 되풀이될 것입니다. 매체, 이미지, 진실, 공론장에 있어 한 번 변화한 인식과 작동방식은 다시는 이전의 형태로 돌아갈 수 없겠지요. 우리는 이미지의 언어와 정동의 바다에서 허우적대며 불안에 젖어 분열된 세계를 마주합니다.

바로 그곳이 출발점이라고 할 수 있습니다. 그로부터 닥쳐오는 모든 것을 무릅쓰고서 '그럼에도 불구하고' 상기하고, 상상하고, 성찰하고 사유하면서, 희망을 가지려 노력하는 것. 그것이 지금 우리가 할 수 있는 유일한 일일지도 모르겠습니다. 루쉰(魯迅)이 말했듯 희망은 길과 같아, 본디 있던 것이 아니라 다니는 사람이 많아지면서 차차 생기는 것입니다. 이런 관점에서 이미지 언어에 대한 사유를 해나가야만 하겠지요.

세번째 강의

흑인 '되기'와 소수자 운동의 길

—

마틴 루터 킹과 맬컴 X,
두 갈래의 소수자 운동이
'되기의 혁명'에 이르기까지

두번째 강의에서 우리는 베트남 전쟁과 반전운동을 살펴봄으로써 68혁명에서 미디어와 이미지가 수행한 역할에 대해 알아보았고, 더하여 우리 시대의 미디어와 이미지가 갖는 효과에 대해서도 생각해 보는 시간을 가졌습니다. 그리고 이번 시간에는 반전운동과 함께 특히 미국의 68혁명 대중들을 묶어 낸 주요한 매개였던 흑인민권운동에 대해 이야기해 보려고 합니다.

미국의 흑인민권운동은 세계대전이 끝난 후 1950년대부터 서서히 불이 붙기 시작했는데요. 오랜 저항 끝에 60년대에 이르러 마침내 민권법, 투표권법, 개정민권법 등의 통과로 일부나마 결실을 맺게 됩니다. 그 저항에는 숱한 사람들이 함께했지만 그 중에서도 특히 저명한 두 운동가가 있지요. 한 명은 마틴 루터 킹 주니어(Martin Luther King, Jr.) 목사이고, 다른 한 명은 맬컴 X(Malcolm X)로 통하는 맬컴 리틀(Malcolm Little)입니다. 흑인민권운동은 68 전후로 수많은 결들을 가지고 있는 운동인데요. 오늘은 특히 이 두 명의 운동가를 중심에 놓고 흑인민권운동에 대해 살펴보려고 합니다. 아울러 이 두 사람의 삶과 사상을 참조해 68의 소수자 운동 전반, 그리고 정체성의 시대라고 할 수 있는 오늘날의 소수자 운동에도 유효한 관점을 발견할 수 있는데요. 지금부터, 세 번째 강의 '흑인 '되기'와 소수자 운동의 길'을 시작하겠습니다.

1. 마틴 루터 킹과 맬컴 X : 성장환경의 차이

1968년 4월 4일. 미국 테네시 주 멤피스의 로레인 모텔에서 한 발의 천둥 같은 총성이 울립니다. 백인 우월주의자 제임스 얼 레이가 모텔 발코니에 서 있던 마틴 루터 킹 주니어 목사를 저격한 것인데요. 총탄은 킹 목사의 머리에 치명적인 부상을 입혔고, 그는 구급차가 도착하기도 전에 숨을 거둡니다. 그렇게 20세기 흑인민권운동을 이끌어 왔던 사람이 숨을 거두게 됩니다. 향년 39세.

그 3년 전, 1965년 2월 21일, 사실 미국의 흑인들은 이미 또 한 명의 지도자를 잃은 바 있었습니다. 맬컴 X는 뉴욕 할렘의 오두본 볼룸에서 연설을 시작하려는 찰나 세 명의 괴한에게 열여섯 발의 총탄을

마틴 루터 킹 주니어(왼쪽)와 맬컴 X(오른쪽).

맞고 사망합니다. 그들은 한때 맬컴 X가 몸담았다가 등진 흑인 조직 〈네이션스 오브 이슬람〉(NOI)의 조직원들이고, 그 역시 향년 39세의 나이로 세상을 떠났습니다.

오늘날 많은 역사가들이 이 두 사람을 일종의 맞수로 묘사합니다. 그들이 남긴 투쟁의 두 갈래의 길은 이후 수많은 현실의 운동과 가상의 작품들 속에서 반복적으로 재현되어 왔고, 두 갈래 길 중 어느 쪽이 옳은가에 대하여 숱한 사람들의 고뇌와 논쟁이 거듭되어 왔습니다.

그러나 그들이 암살당하기 전 마지막 1년의 이야기는 널리 알려지지 않았습니다. 이번 강의에서는 두 사람의 삶의 궤적을 따라가며 그 마지막 1년의 이야기까지를 살피고, 그로부터 그들의 삶이 오늘날 소수자 운동에 던지는 바가 무엇인지 함께 곱씹어 보려고 합니다.

흑인민권운동의 시작

먼저, 흑인민권운동의 태동에 대해서 간략하게만 살펴보도록 하겠습니다. 1863년 에이브러햄 링컨

(Abraham Lincoln)이 노예제를 폐지한 것은 모두 알고 계실 겁니다. 그건 역사적인 사건이었고, 실제로 이후 흑인 의원들이 의회에 진출하기도 했죠. 하지만 그 모든 건 아주 잠깐이었습니다. 제도의 폐지는 어디까지나 제도의 변화일 뿐, 당대 미국인들 안에 깊이 뿌리박힌 차별의식을 지울 수는 없었으니까요. 얼마 지나지 않아, 남북전쟁의 열기가 채 가라앉기도 전에 악명 높은 KKK가 등장했고, 흑인들은 곳곳에서 린치를 당했습니다. 남부 백인들은 '노예제는 폐지하나 범죄자의 강제노역은 예외로 한다'는 수정헌법 조항을 이용해 수많은 흑인들을 범죄자로 몰아 강제노동을 시키기도 했고, 상해를 입히거나 죽이기도 했습니다. 그 과정에서 흑인의 투표권도 어느 사이엔가 박탈되었고요.

물론 모든 이들이 이런 일을 두고보지만은 않았습니다. 미국 내부는 물론 세계 곳곳에서 비판 여론이 일었고, 이에 백인 인종주의자들은 새로운 수법을 떠올립니다. 그게 바로 '흑백분리'입니다. '흑인과 백인을 분리시키되, 똑같이 대우하면 차별은 아니다'라는 논리죠. 이런 논리로 삶의 모든 영역에서 흑인과 백인을 분리시킵니다. 당연히 정말 똑같이 대우할 리는 없었고요. 이것은 법망을 교묘하게 회피하면서도 효과적으로 흑인과 백인 사이의 위계가 형성되도록 했습니다. 이런 상황이 한동안 쭉 이어지다가 큰 사건이 하나 발생합니다. 무슨 사건인가 하면, 이제는 좀 지겨우실 때도 된 것 같은데, 제2차 세계대전이죠.

제2차 세계대전이 정말 여러 곳에 영향을 끼쳤는데요. 첫번째 강의에서 전쟁을 위해서는 아군과 적군을 명확히 해야 한다고 했던 거 기억하세요? 이게 여기서는 좀 다르게 작동하는데요. 아군을 명확히 하려면 아군이 하나로 뭉쳐야겠죠. 그러니까 같은 미국인끼리 하나로 뭉쳐야지, 그 안에서 또 이리저리 갈라지고 하면 안 된다는 겁니다. 그래서 세계대전을 치르기 위해, 미군은 군대 내에서의 흑백차별을 엄격히 금지합니다. 또 수많은 흑인들이 참전했기 때문에, 거기에 경의를 표하고 또 독려하는 의미에서 법무부 민권 담당 부서의 권한을 강화시키죠. 물론 이런 조치들 또한 링컨의 노예제 폐지 선언과 마찬가지로 한계도 있었습니다만, 적어도 젊은 세대의 흑인

해군 제독인 체스터 니미츠(Chester W. Nimitz)가 진주만 기습에서 공을 세운 흑인병사 도리스 밀러(Doris Miller)에게 해군십자훈장을 수여하고 있다. 제2차 세계대전 당시에도 흑인 병사들이 무기를 들고 싸우는 것은 금기시되었고, 따라서 전투 외의 식사, 세탁 등의 업무를 주로 수행했다. 도리스 밀러 역시 전투병이 아니었으나, 부상당한 동료들을 구하고 기관총으로 대응사격을 하는 등, 전투에서의 공을 인정 받아 훈장을 받았다.

들에게 차별의 문제와 저항의식을 환기시키는 효과가 있었습니다. 이런 분위기 속에서, 전쟁이 끝나고 1950년대 들어서 20세기 흑인민권운동이 본격적으로 태동한 겁니다.

옆의 사진은 저 유명한 로자 파크스(Rosa Parks) 여사입니다. 당시 흑백분리 정책에 따르면 버스 내에서 흑인들과 백인들의 자리가 앞뒤로 구분되어 있었습니다. 앞의 네 줄이 백인 자리이고, 뒤의 네 줄이 흑인 자리로 정해져 있었던 거죠. 그리고 중간 자리들은 일종의 중립지대였는데, 그나마도 백인들이 요구하면 흑인들이 비켜 줘야 했습니다. 이런 불문율 속에서 버스가 운영되고 있었는데, 이 로자 파크스가 중간 자리에 있다가 비켜나라는 백인들의 요구를 거부하고, 현장에서 체포당합니다. 이 사건이 널리 알려지면서 이 지역의 모든 흑인들이 들고일어나는 사태로 확장되고 모든 버스를 보이콧하죠. 앨라배마주 몽고메리에서 일어난 일로, 유명한 '몽고메리 버스 보이콧'(1955~56)입니다. 백인들은 당황해서 닥치는 대로 운동에 참여한 이들을 체포했지만, 버스회사들이 입게 된 경제적 타격까지 어떻게 할 순 없었

'몽고메리 버스 보이콧' 운동의 계기가 된 버스 사건의 주인공 로자 파크스. 로자 파크스의 뒤로 마틴 루터 킹이 보인다.

습니다. 이 시기가 전쟁이 끝나고 경제가 다시 회복되던 때라서 백인들은 대개 자가용이 있었습니다. 그래서 버스 이용객들은 대부분 흑인이었기에 버스회사들은 무려 65%에 달하는 손실을 입었습니다. 게다가 이 시대의 뉴미디어인 텔레비전(아직은 흑백이었지만)을 타고 이 사건은 미국 전역에 보도되었고, 헌법재판소에까지 올라 위헌 판결을 받았죠. 그때까지 흑백분리 정책 같은 차별은 꼼수로 법을 피하고 있던 거였는데, 일단 헌법에서는 노예제도 폐지했고 평등을 보장하니까 위헌 판결이 난 거죠.

이후 이 '몽고메리 버스 보이콧'을 시발점으로 하여 분리정책 전반에 대한 흑인들의 저항이 시작됩니다. 학교에서의 흑백분리에 저항한 '리틀록 9인의 저항'이라는 것도 있었고요. 식당 내의 백인 전용 좌석을 점거한 '싯인' 운동, 대규모 비폭력 행진인 '워싱턴 행진', 투표권을 향한 투쟁 '미시시피 자유의 여름'이라고 불리는 운동도 있었습니다. 미시시피는 여전히 흑백차별이 가장 강한 곳이었거든요. 그 외에도 '셀마 행진' 등등의 운동이 벌어집니다.

앞 쪽의 로자 파크스 여사의 사진 뒤로 보이는 인

물이 마틴 루터 킹 주니어인데요. 이렇게 몽고메리 버스 보이콧 때부터 이 모든 운동의 중심에 서 있던 인물이 마틴 루터 킹 주니어 목사와 맬컴 X였죠.

'모든 인간을 사랑하라' : 마틴루터 킹

킹과 맬컴은 참으로 많은 부분에서 오랜 기간, 거의 평생 동안 대척점에 서 있었습니다. 물론 두 사람은 공통적으로 미국에서 흑인으로서 겪어야 하는 고통을 체감하면서 자랐고 사람들을 이끌고 그를 극복하고자 했으나, 그 외에는 거의 모든 점에서 달랐다고 할 수 있습니다.

우선 킹은 비교적 유복하고 화목한 흑인 중산층 가정에서 자라났으며, 대학에서 박사 과정까지 밟은 엘리트였습니다. 그의 아버지 마틴 루터 킹(Martin Luther King, Sr.)은 자수성가한 인물로 애틀란타에서 4천 명의 신도를 이끄는 목사였으며, 애틀란타 흑인 공동체의 주요한 리더로서 그 지역의 흑인민권운동을 이끈 인물이었고요. 이 아버지 킹은 절대 굴하지 않으면서도 젠틀한 방식으로, 기독교 정신에 입각해서 포용과 관용의 정신을 강조한 인물이었다고 해요. 이 아버지 킹 목사가 마틴 루터 킹 주니어를 어떻게 키웠는지를 알 수 있는 일화가 있는데, 하루는 킹 주니어가 어린 시절 흑백차별을 겪고 돌아옵니다. 아이들끼리 놀다가 백인 아이의 부모가 '재랑 놀지마', 이런 걸 겪은 거죠. 그래서 너무 충격을 받아서 집에 왔는데, 킹 부부는 아들에게 백인들이 마치 흑인들이 열등하다는 것처럼 행동하지만, 그것은 다 거짓일 뿐이고 진실보다 중요한 것은 없다고 이야기를 합니다. 그러니 네 자신이 백인들보다 가치가 없다고 생각하지 마라, 네가 좋은 사람임을 잊지 마라, 이런 식으로 말을 했다고 해요. 그렇게 백인들의 문제를 이야기하면서도 다른 한편으로는 기독교도로서 모든 인간을 사랑하는 것은 인간의 의무이기 때문에 백인을 미워해서는 안 된다고 가르치기도 한 겁니다.

어린 킹은 이런 부모님의 기독교적 가르침과 매일 겪어야 하는 인종차별 사이에서 자신한테 물어야 했던 겁니다. '어떻게 나를 미워하는 사람들을 사랑할 수 있을까'라고. 킹은 나중에 대학을 가고 성장하면서 결국 아버지가 기반을 닦은 흑인교회의 배경과 방법론을 그대로 이어받습니다. 그래서 백인들의 탄

Mikefairbanks[wikipedia.org]

마틴 루터 킹 목사가 어린 시절을 보낸 조지아 주 애틀랜타의 집.

압에 굴하지 않으면서도 백인 친구들과 어울리는 것도 주저하지 않았다고 해요. 대학에서도 인기가 좋았다고 하는데요. 차별적인 일들을 받아치면서도 사적인 감정을 갖지 않는 모습이 인기를 끌었다고 합니다. 정리하자면, 마틴 루터 킹의 사상적·인적 기반은 이와 같이 미국 남부지역의 흑인 기독교 교회 정신, 그리고 대학 시절 공부했던 마하트마 간디(Mahatma Gandhi)의 비폭력 정신 같은 것들이었습니다.

'제가 다닌 대학은 할렘의 거리였습니다' : 맬컴 X

한편 맬컴 X의 아버지도 목사이기는 했는데, 그렇게 잘 나가던 목사는 아니었습니다. 맬컴 X는 북부의 빈민가에서 자라났으며, 그의 어린 시절은 백인들이 그들 가족에 가한 폭력으로 고통받는 시절이었다고 합니다. 인종주의자들이 맬컴 X의 집을 습격해서 불을 지른 적도 있었다고 하고요.

게다가 아버지와 어머니의 가정폭력도 심했다고 하는데요. 특히 어머니가 자식들에게 가한 가정폭력이 심했다고 합니다. 맬컴 X가 어렸을 때 맬컴의 어머니는 자식들 모두에게 매질을 했다고 하는데요. 특히

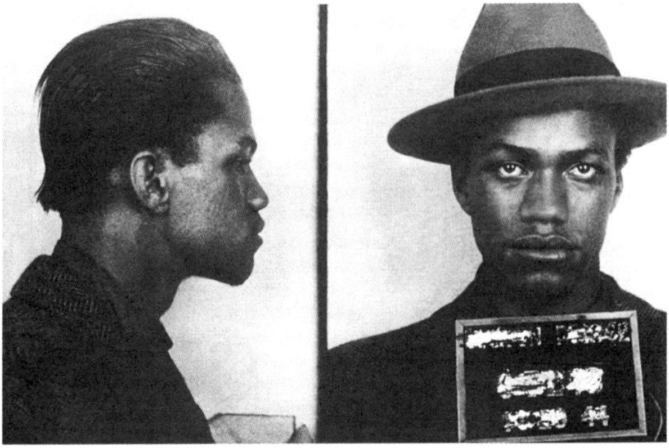

1944년 보스턴 경찰에 절도로 체포되었을 당시의 맬컴 X. 감옥에서 <네이션스 오브 이슬람>에 가입하기 전의 이름은 맬컴 리틀이었다.

맬컴에게 매질을 심하게 했대요. 아버지는 반대로 맬컴을 봐주고 다른 아이들한테 심하게 했다고 하고요. 맬컴은 그 이유로 자기가 형제들 중에서도 피부색이 조금 더 하얬기 때문일 거라고 추측을 합니다. 아버지는 반백인주의를 가지고 있고 흑인 민족주의를 신봉하지만, 자기 무의식 속에서는 밝은 피부색을 선호한다는 죄책감에 시달리면서 맬컴에게 체벌을 하는 것을 포기했다는 겁니다. 반면 엄마는 달랐는데요. 맬컴의 외할머니가 백인에게 강간을 당해서 맬컴의 어머니를 낳았다고 하거든요. 그래서 이 엄마는 맬컴의 피부색이 다른 것을 참을 수가 없었던 거예요. 그래서 다른 형제들보다 피부색이 밝다는, 아버지가 때리지 않은 그 이유 때문에 "어머니는 나한테 더 많은 지옥을 선사했다"제임스 H. 콘, 『맬컴 X vs. 마틴 루터 킹』, 정철수 옮김, 갑인공방, 2005, 82쪽라고 맬컴이 말합니다.

그런데 이런 가족관계도 오래 이어지지 않습니다. 그가 여섯 살 때 아버지가 죽고요. 열두 살 때는 어머니가 정신병원에 들어갑니다. 그리고 복지제도가 남은 형제들을 갈가리 찢어 놓았기에 그는 정규 교육 과정을 거의 밟지 못했습니다. 맬컴 X는 떠돌아

다니면서 중산층 흑인들의 위선을 증오했고 할렘 가를 누비며 그 거리의 흑인들과 어울릴 때 진정한 동족들을 만났다고 느꼈습니다. 그렇게 어린 시절부터 할렘 가와 감옥을 전전하던 중 일라이저 무하마드(Elijah Muhammad)라는 인물을 만납니다. 일라이저 무하마드는 이슬람 성직자인데요. 맬컴은 이 성직자의 수제자가 됨으로써 〈네이션스 오브 이슬람〉이란 조직에 가입하고 본격적으로 사상가이자 활동가로 활약하게 됩니다. 그러한 맬컴의 기반은 분노로 가득한 북부의 흑인 빈민들이었습니다.

그래서 맬컴 X가 이런 말을 자주 했다고 합니다. "여러분, 저는 미시간 주 메이슨에서 8학년까지 마쳤습니다. 제가 다닌 고등학교는 메사추세츠 주 록스버리의 흑인 빈민가였습니다. 제가 다닌 대학은 할렘 거리였고, 석사 학위는 감옥에서 받았습니다."콘, 『맬컴 X vs. 마틴 루터 킹』, 80쪽 정말로 감옥에서 학위를 땄다는 것이 아니라, 그런 환경들이 자신의 배움터였다는 말이겠죠.

2. 사상과 실천의 차이

'나에게는 꿈이 있습니다' (I have a dream)

앞에서 살펴본 것처럼 킹과 맬컴 X의 성장환경과 기반에는 큰 차이가 있었는데요. 이는 곧 방법론의 차이로 이어집니다. 킹은, 흑인들이 자신들의 운명에서 벗어나게 하기 위하여 '꿈'을 이야기합니다. 저 유명한 '아메리칸 드림'이죠. 1963년 '워싱턴 행진'에서 '나에게는 꿈이 있습니다'(I have a dream)라는 제목으로 한 연설이 유명한데요. '63년 워싱턴 행진'은 앞서도 말씀드린 아주 유명한 비폭력 행진입니다.

> 여러분에게 말씀드릴 것이 있습니다. 나의 벗들이여, 어제와 오늘 우리가 고난과 마주할지라도, 나는 꿈이

1963년에 있었던 워싱턴 행진(아래). 마틴 루터 킹 목사는 이 자리에서 '나에게는 꿈이 있습니다'(I have a dream)라는 제목의 명연설을 남겼다(위).

있습니다. 그 꿈은 아메리칸 드림에 깊이 뿌리 내린 꿈입니다.

나에게는 꿈이 있습니다. 언젠가 이 나라가 모든 인간은 평등하게 태어났다는 것을 자명한 진실로 받아들이고, 그 진정한 의미를 신조로 살아가게 되는 날이 솟아오리라는 꿈입니다.

나에게는 꿈이 있습니다. 언젠가는 조지아의 붉은 언덕 위에 옛 노예의 후손들과 옛 주인의 후손들이 형제애의 식탁에 함께 둘러앉는 날이 오리라는 꿈입니다.

나에게는 꿈이 있습니다. 언젠가는 불의의 열기에, 억압의 열기에 신음하는 저 미시시피 주마저도, 자유와 평등의 오아시스로 변할 것이라는 꿈입니다.

나에게는 꿈이 있습니다. 나의 네 아이들이 피부색이 아니라 인격에 따라 평가받는 그런 나라에 살게 되는 날이 오리라는 꿈입니다!

유튜브 같은 곳에서 영상을 찾아 보시면 흑백의 열화된 화면으로 보는데도 아우라가 어마어마합니다. 보시면 아시겠지만, 연설 전반에서 '흑인과 백인이 함께'라는 메시지를 이야기하고 있어요. 흑인과 백인뿐만 아니라 지역과 종교를 가리지 않고 모두가 함께해야 한다고 강조하고 있죠. 킹이 자주 하던 말을 하나 더 볼 텐데요.

> 사람들은 종종 서로를 미워한다, 서로 두려워하기 때문이다. 사람들은 서로 두려워한다, 서로 잘 모르기 때문이다. 사람들은 서로 잘 모른다, 소통할 수 없기 때문이다. 사람들은 소통할 수 없다, 나뉘어 있기 때문이다. 그렇기 때문에 나뉘어 있는 것을 하나로 묶을 수 있다면 사람들은 소통할 수 있을 것이며, 서로를 알 수 있을 것이며, 서로를 두려워하지 않을 것이며, 서로를 미워하지 않게 될 것이다. 콘, 『맬컴 X vs. 마틴 루터 킹』, 71쪽

이렇게 이야기를 합니다. 킹이 이야기하는 내용으로 알 수 있듯이 킹의 무기는 기본적으로 '사랑'과 '정의', 보다 정확히는 기독교적 사랑과 신이 약속한 평등의 권리였습니다. 그는 미국 헌법이 '기독교도' '남성' '백인'이 아닌 모든 '인간'에게 생명, 자유, 행복 추구의 권리를 보장하며, 다름 아닌 신께서 그 권리를 약속했다는 사실에 주목했습니다. 그리고 미

국의 백인들이 끝내 헌법이 그 모든 것을 보장한다는 사실을 외면할 수는 없으리라 생각했고요. 지금 백인들의 말과 행동이 헌법의 이상과 기독교적 윤리에 어긋나 있음을 일깨워 주기만 한다면 장차 미국의 흑인과 백인들은 형제자매처럼 함께 사랑의 공동체를 이루어 살아갈 수 있으리라 믿었던 겁니다. 그리하여 그가 선택한 수단은 비폭력적인 직접 행동이었습니다. 그는 폭력에 굴하지 않고 견디며 행진하고 시위함으로써 흑인들의 존엄을 드러내고자 했고, 백인들의 양심에 호소하고자 했습니다.

'우리는 아프리카인이어야 한다'

한편 맬컴 X는 그런 킹을 비난하고 경멸했습니다. 그가 보기에 흑인에게 있어 백인은 공존의 대상이 아니었던 거죠. 백인은 흑인이 당하고 있는 모든 고통과 악덕과 '악몽'의 근원이라는 것이 맬컴 X의 기본적인 입장이었습니다.

> 당신이 가난한 건 우연이 아닙니다. 백인이 꾸민 일입니다. 당신은 우연히 마약 중독자가 된 것이 아닙니다.

> 백인이 당신을 그렇게 만들었습니다. 당신은 우연히 창녀가 된 것이 아닙니다. 백인에 의해 창녀가 되도록 조작된 것입니다. 여기 미국에서의 당신의 삶에는 우연히 된 것이 아무것도 없습니다.(맬컴 X, 뉴욕 할렘, 1963년 8월 10일)

> 백인이 '아메리칸 드림'이라고 여기던 것이 흑인에게는 긴 세월에 걸친 '미국의 악몽'이었다.(맬컴 X, 뉴욕, 1962년 5월 1일) 콘, 『맬컴 X vs. 마틴 루터 킹』, 154쪽

맬컴은 앞서 본 킹의 연설 이후부터 '악몽'이라는 단어를 자주 쓰게 되는데요. 그러니까 완전히 안티 테제인 거죠. 맬컴 X의 연설도 유튜브에서 찾아볼 수 있는데, 보면 쓰는 단어들이 그렇게 어렵지가 않아요. 이 사람이 표정과 제스처를 쓰면서 연설을 하거든요. 연설의 대상이 북부지역의 흑인 빈민들이라고 했잖아요. 그러니까 막 미사여구나 이런 것보다는 직접적으로 전해지는 메시지가 중요했기 때문입니다. 정말 강렬하면서도 직접적인 체험을 끄집어내는 화법을 쓰는 것이 맬컴의 연설 스타일입니다.

맬컴의 노선은 기본적으로 흑인들이 백인들과 단절하여 오직 흑인들만의 민족성을 가져야 한다는 것이었습니다. 애초에 그가 기독교를 등지고 이슬람에 귀의한 것도 '백인의 기독교'에 대항하는 '흑인의 이슬람'을 구축하기 위함이었고요. 그의 스승 일라이저 무하마드는 이슬람의 신 알라는 검은 피부를 가졌으며 알라의 모든 사제들도 검은 피부를 가졌다고 주장하고, 알라의 교리에 따르면 백인은 곧 악마라는 주장을 펴고 있었는데요. 이건 이슬람의 일반적인 교리가 아니라 일라이저 무하마드의 이론이었고, 맬컴 X는 그걸 추종했습니다. 그래서 백인이 만든 모든 것은 흑인에게 고통을 안기는 것이었다고 본 거고요.

이런 이론적 기반에서 맬컴은 "모든 백인 종족은 악마의 종족이며 지구상 모든 흑인 인류의 공공의 적"콘, 『맬컴 X vs. 마틴 루터 킹』, 173쪽이라고 공언하면서 흑인들이 자유로워지기 위해서는 킹 목사의 주장처럼 백인들과 통합하여 공동체를 이룰 것이 아니라 오직 흑인들끼리 단결하여 백인들과 완전히 분리되어야 한다고 주장합니다. 그는 예리한 언어와 능란한 언변으로 빈민가 흑인들의 고통을 폭로하는 한편 공공연히

일라이저 무하마드(오른쪽 단상 위)의 연설을 듣고 있는 무하마드 알리(왼쪽의 어두운 색 옷을 입고 단상을 쳐다보는 인물).

백인에 대한 증오를 드러냈고, 그런 백인들과 협력하고자 하는 흑인 운동가들을 꼭두각시, 얼간이, 프락치로 여겼습니다.

『맬컴 X vs. 마틴 루터 킹』의 저자 제임스. H. 콘(James Hal Cone)에 따르면, 킹과 맬컴의 주장은 다음과 같이 요약될 수 있다고 합니다. 킹은 미국의 흑인들이 무엇보다도 '미국인이어야 한다'고 믿었고, 피부색이 아니라 미국이, 기독교 정신과 헌법이 보장하는 권리와 책무가 그들의 존재를 규정해야 한다고 생각했습니다. 피부색과 상관없이 백인과 흑인 모두가 신의 백성이자 미국 국민으로서 함께할 때 흑인은 자유로워진다는 것이었죠.

반면 맬컴은 미국의 흑인들이 무엇보다도 '아프리카인이어야 한다'고 믿었습니다. 검은 피부색이, 그 피부색 속에 함축된 흑인들의 영광스러운 뿌리가 그들의 존재를 규정해야 했던 거죠. 미국의 흑인들은 다 아프리카에서 잡혀 왔다는 것이고, 아프리카 왕국들의 영광스런 과거를 기억하고 백인 정복자들의 극악무도한 만행을 기억해야 한다는 것이었어요. 모든 미국 흑인들이 피부색에 대한 긍지와 백인들에 대한 증오로 단결하여 백인들에게서 벗어날 때, 아프리카인이라는 뿌리를 거슬러 올라가 진정한 아프리카인으로 자신을 인식할 때 흑인들은 자유로워질 수 있다는 것, 이것이 맬컴의 주장이었습니다.

마틴 루터 킹과 맬컴 X, 온건과 과격

여기까지가 우리가 흔히 알고 있는 킹과 맬컴 X에 대한 이야기입니다. 피부색과 상관없이 미국인이 되어야 한다고 이야기한 킹은 온건파로 여겨지고요. 그에 비해 피부색을 따라 거슬러 올라가서 자랑스러운 아프리카인임을 기억해야 한다고 말하는 맬컴은 과격파라고 여겨져요. 그래서 소수자 운동에 있어 기존 사회와의 소통과 통합을 주장하는 '온건파'들은 킹을 즐겨 인용하고, 분리와 독립행동을 주장하는 '과격파'들은 맬컴 X의 말을 자신들의 근거로 삼는 경향이 있습니다. 심지어는 할리우드의 히어로 영화들까지도 이들의 이미지를 재생산하는데요. 대표적인 마블 히어로 영화인 「엑스맨」과 「블랙팬서」 같은 영화에서도 이런 구분이 재현되고 있습니다.

돌연변이 초능력자들의 이야기를 다루고 있는

「엑스맨」. 이 영화에서는 인간들이 초능력자들을 두려워합니다. 그래서 이들을 탄압하죠. 그런데 초능력자들을 이끄는 어떤 지도자는 그래도 우리는 인간들과 함께 어울려 살 수밖에 없다고 이야기하고, 또 다른 지도자는 우리는 인간들보다 뛰어난 능력을 가지고 있는데 저들과 어울려 살아야 할 이유가 없다고 말합니다. 이게 정확히, 대놓고, 킹과 맬컴의 논리를 가져온 거죠.

「블랙팬서」의 경우는 숨겨진 흑인왕국에 대한 이야기인데요. 주인공은 다른 나라의 백인들과 함께 어울려서 무언가를 할 수 있을 거라고 말하고, 악역으로 나오는 사람은 우리의 피부색을 자랑스러워해야 하고 다른 사람들과 분리되어서 우리의 왕국을 건설해야 한다고 말합니다. 이런 식으로 킹과 맬컴, 온건과 과격, 통합과 분리의 구도가 소수자 운동에서는 무수히 반복됩니다. 그리고 이것이 보통의 상식이라고도 할 수 있을 것입니다. 그런데 킹과 맬컴 X가 암살당하기 전 마지막 1년 동안, 우리는 이들에게서 조금 다른 흐름을 발견할 수 있습니다.

3. 최후의 1년과 '되기'의 혁명

맬컴 X 최후의 1년 : '우리는 그저 아프리카인이어서는 안 됩니다'

백인들은 마틴을 따른다. 돈을 지불한다. 매수한다. 지원한다. 그러나 대중은 마틴을 지지하지 않는다. 마틴은 검둥이에게 잔인한 짓을 하려는 백인이 이 나라에서 소유할 수 있는 최고의 무기다. 백인이 검둥이를 공격하고 싶을 때 흑인이 스스로 방어할 수 없는 상황을 마틴이 조장하기 때문이다. 여러분이 스스로를 방어할 수 없다는 어리석은 철학을 마틴이 내걸었기 때문이다. 콘, 『맬컴 X vs. 마틴 루터 킹』, 184쪽

인용문에서 볼 수 있는 것처럼 마틴 루터 킹을 비판하는 것이 맬컴 X의 기본적인 입장이었는데요. 1965년, 맬컴이 암살당하던 해. 그 마지막 일 년 동안 맬컴은 이전과는 조금 다른 모습을 보입니다. 당시 맬컴을 둘러싼 환경에는 크게 두 가지 변화가 있었어요. 하나는 일평생 그가 영적 스승으로 모셔 온 일라이저 무하마드와 결별한 것입니다. 그리고 다른 하나는 그가 메카를 비롯하여 해외를 순방하고 돌아왔다는 것이었습니다.

일라이저 무하마드는 맬컴의 사상에 지대한 영향력을 끼쳤으나 도덕적으로는 부패한 성직자였고, 점점 커져 가는 수제자 맬컴의 영향력을 경계하고 있었습니다. 맬컴은 그럼에도 가능한 한 그에게 존경을 표하려 했으나 결국에는 관계를 끊고 〈네이션스 오브 이슬람〉에서도 탈퇴합니다. 그와 때를 같이하여 맬컴은 이슬람의 성지인 메카를 처음으로 순례하는데요. 그때 그는 대단히 놀라운 광경을 목도합니다.

애초에 맬컴이 이슬람에 귀의한 이유가 일라이저 무하마드에게 배운 가르침 때문이었다고 말씀드렸습니다. '백인에게는 기독교가 있고 흑인에게는 이슬람이 있다', '이슬람의 신은 검은 피부를 가졌고, 모든 사제들도 검고, 백인은 이슬람 종교의 교리에 의하면 악마다'라는 주장이었다고 했죠. 그런데 이상하다고 느끼셨을 거예요. 이슬람에서 이렇게 가르치지 않거든요. 이건 일라이저 무하마드의 언어였던 거죠. 그리고 맬컴은 그때까지 이게 이슬람의 교리가 아니라는 것을 몰랐는데, 메카에 가서 이슬람교의 사람들과 교류를 하면서 이걸 알게 된 거죠.

중동지역의 인종이 다양하거든요. 백인에 거의 가까운 인종이 많은 이슬람 국가들도 있고요. 그래서 맬컴이 메카에 갔더니 백인 무슬림들이 있는 거예요. 흑인 무슬림도 당연히 있고요. 그런데 이 백인과 흑인 무슬림들이 서로 아무렇지도 않게 서로를 무슬림 형제로 여기고 편견도 없고, 함께 기도하고 함께 밥을 나누는 거예요. 그게 맬컴에게는 엄청난 충격이었던 겁니다. 그걸 보고 맬컴이 이렇게 말합니다.

> 이 성스러운 조상들의 땅에서 전에는 한 번도 경험해 보지 못한 진정한 형제애의 정신이 무엇인지를 감동적으로 목격했다. 그들의 피부색은 다양했다. 푸른 눈의

> 금발에서부터 검은 피부의 아프리카인들까지. 하지만 우리는 모두 함께 제의에 참석했고 단결과 형제애의 정신을 몸소 보여 주었다. 미국에 있을 때 나는 백인과 비백인들 사이에서 그러한 일들은 절대 실현 불가능하다고 생각했었다. 콘, 『맬컴 X vs. 마틴 루터 킹』, 340쪽

그 뒤에도 맬컴 X가 바로 돌아온 것이 아니라 주변의 중동과 아프리카 국가들을 방문해 그곳의 혁명가들과 토론을 벌였는데요. 역시 아프리카에도 흑인들만 있는 것이 아니죠. 북부 아프리카에는 백인에 가까운 인종의 사람들도 많았던 거죠. 그러니까 인종적으로 백인인 아프리카인, 그럼에도 자국의 혁신과 혁명을 꿈꾸면서 식민지에서 벗어나고자 애쓰는 이들을 많이 만난 겁니다. 그래서 맬컴 X는 그들과의 만남을 통해 자신이 오직 피부색에 근거해서 주장하는 흑인 민족주의(Black nationalism)가 '진정한 혁명론자'들을 소외시키고 있음을 깨달았다고 술회하게 됩니다.

이렇게 순방을 마치고 돌아오고 나서 맬컴 X의 언어가 바뀌기 시작합니다. 그는 점점 더 인종이나

메카 순례를 마치고 돌아온 시기의 맬컴 X.

국적과 상관없이 '인류'에 대한 이야기를 꺼내기 시작했으며, 인간이 이런 세계 속에서 어떻게 살아야 하는가, 무엇이 되어야 하는가, 또 미국에서의 흑인들의 투쟁과 아프리카인들—백인도 있고 흑인도 있지만 모두 식민질서 속에 있는 아프리카인들—의 투쟁이 어떻게 연결될 수 있는가와 같은 이야기들을 하기도 합니다. 또 여전히 미국의 인종차별주의를 강경하게 비판하면서도 '모든 백인'들에게 저주를 퍼부었던 과거의 발언들을 후회하기도 했습니다.

그는 파리 외곽에서 비행기가 충돌해 백인 130여 명이 죽었다는 소식을 듣고 "방금 좋은 소식을 들었다!"콘, 『맬컴 X vs. 마틴 루터 킹』, 496쪽라고 한 적이 있는데요. 그런데 메카를 다녀오고 나서 친하게 지내던 알렉스 헤일리(Alex Haley)라는 기자에게 "내가 결코 하지 않았어야 할 말 중의 하나였다"같은 곳라고 고백하기도 합니다. 또 다른 예로 한 백인 소녀가 할렘 가까지 찾아와 맬컴에게 흑인이 벌이는 투쟁에 기여하기 위하여 자신이 어떤 역할을 할 수 있는지 물었다고 해요. 그때 맬컴 X가 "네가 할 수 있는 일은 아무것도 없다"같은 곳라고 대답했고 소녀는 울면서 돌아갔다고 합니다. 맬컴은 후에 이렇게 고백합니다.

> 그 소녀에게 그렇게 말했던 것을 후회한다. 지금 그녀의 이름을 알거나, 연락처를 알거나, 편지를 쓸 수 있었으면 좋겠다. 그래서 진지하게 이런저런 방식으로 그녀가 물었던 것과 똑같은 질문을 하는 백인에게 지금 내가 대답하는 말을 들려주고 싶다. 백인은 백인의 사회에서, 흑인은 흑인의 사회에서, 이렇게 각자의 자리에서 일함으로써 실제로 진실한 백인과 진실한 흑인은 함께 일하게 될 것이다. 같은 곳

그러니까 그의 사상이 마지막 1년 동안 매우 빠르게 변하고 있었던 겁니다. 일찍이 그는 미국의 흑인이 순수한 흑인으로서의 아프리카인이어야 한다고 말했죠. 정체성은 피부색으로 이미 처음부터 결정된 것이고, 따라서 자신들의 투쟁에 그들과 피부색이 다른 백인들의 자리는 존재하지 않는다고 이야기했었는데요. 하지만 이제 맬컴 X는 미국의 흑인들뿐만 아니라 인류가 무엇이 되어야 하는가를 고민하고 있었습니다. 정해진 뿌리, 정해진 운명으로 돌아가는

것이 아닌, 꿈틀거리는 격변하는 세계와 운동들 속에서 새로운 무언가가 되고자 하는 미국의 흑인들, 유색인들, 백인들, 아프리카인들의 행보를 고민하고 있었던 거죠.

바로 그런 고민 속에서 맬컴은 오랫동안 경멸하고 비난해 온 킹에게 손을 내밉니다. 물론 그 이전에도 맬컴은 킹에게 계속해서 만남을 제안했지만, 그것은 그를 공적인 자리에서 논파하고 욕보이기 위함이었습니다. 킹은 그것을 알았기에 철저하게 맬컴의 제안을 무시하고 그를 피해 왔었는데요. 하지만 1965년에는 킹 역시 맬컴의 변화를 감지했던 것 같습니다. 그리고 무엇보다도, 킹 자신 역시 이미 변화하고 있었습니다. 그는 더 이상 이전과 같은 방식으로 아메리칸 드림과 미국을 꿈꾸지 않았습니다.

마틴 루터 킹 최후의 1년 : '우리는 흑인이 되어야 합니다'

킹에게 통합주의, 즉 흑인들과 백인들이 함께 일하고 기도하며 투쟁하는 그러한 미국의 꿈(American Dream)은 그가 결코 저버릴 수 없는 이상이었습니다. 그 '아메리칸 드림'이 진정한 민주주의이자 미국에

1964년 '민권법안'(Civil Rights Act)에 서명하고 있는 린든 존슨 대통령. 린든 존슨 뒤에서 마틴 루터 킹이 지켜보고 있다.

대한 하나님의 뜻이라고 믿었고요.콘, 『맬컴 X vs. 마틴 루터 킹』 354쪽 그리고 실제로 그의 비폭력 운동에 많은 백인들이 지지를 보내고 또 참여하는 모습을 보였고, 린든 존슨(Lyndon Johnson) 대통령이 흑인민권법안에 서명하는 가시적인 성과까지 이룸으로써 킹의 확신은 더욱 강해졌습니다.

그런데 맬컴 X가 메카에 다녀온 것처럼 킹에게도 사건이 벌어집니다. 바로 와츠 폭동(Watts riots)인데요. 미국 북부의 와츠라는 곳에서 일어난 흑인 폭동입니다. 킹이 이 현장을 방문합니다. 정부에서도 중재 요청이 있었던 듯하고요. 그런데 거기서 킹은 '정말 구제될 수 없는 삶을 살게 하는 가난이라는 것이 이런 것이구나'라는 걸 보고 느낍니다. 지금 당장 흑인들이 처해 있는 비참한 현실이 킹의 아메리칸 드림을 뒤흔든 것이었습니다. 그리고 그곳의 흑인 젊은이들이 비폭력으로는 결코 자신들이 자유로워질 수 없다 생각하는 데에 충격을 받습니다. 그곳에서 젊은이들과 대화를 하는데요. 그들은 이렇게 이야기를 했다고 합니다.

와츠 폭동으로 불타고 있는 시가지.

와츠는 인종차별이나 민권 결여 때문에 고통받은 게 아닙니다. 거리 전체에 식수대가 단 한 개라는 것, 그게 뭔지 당신(킹)은 모를 겁니다 […] 존슨이 1964년 민권법에 서명을 했을 때 와츠 사람들은 아무도 신경 쓰지 않았습니다. 우리하고는 아무 상관이 없었으니까요. 콘, 『맬컴 X vs. 마틴 루터 킹』, 366쪽

이렇게 대화를 하고 나서 킹은 와츠에서 자신에게 조언을 해주고 있던 베이어드 러스틴(Bayard Rustin)이라는 사람과 이야기를 했는데요. 이때 킹의 모습에 대해 베이어드 러스틴은 "그는 완전히 풀이 죽어 있었다"고 당시 킹의 심정을 전합니다. 그리고 자신이 지금까지 '이곳 사람들이 햄버거를 먹을 권리를 얻게 하려고 일했는데, 이제는 햄버거를 사 먹을 돈을 벌 수 있게 해야 한다는 걸 알았다'고 이야기했다고 합니다.콘, 『맬컴 X vs. 마틴 루터 킹』, 367쪽 헌법과 법안이 그들의 평등을 보장해도 그들의 실제 삶에 찾아오는 변화는 미약했다는 것을 깨달았다는 것인데요. 북부의 흑인들은 여전히 가난했고, 그들 구역의 인프라는 빈약했으며, 행정기관은 그들을 무시하고 있었던 것

입니다. 그리고 그런 그들의 고통을 대변해 줄 흑인 의원조차도 존재하지 않았죠. 이것이 바로 맬컴이 부르짖던 그리고 킹이 외면했던 흑인들의 현실이었습니다.

킹은 이제 그가 믿어 의심치 않았던 이상향으로서의 미국, 헌법대로, 원칙대로, 기독교의 정신대로 '제대로' 돌아가기만 한다면 그들 모두를 자유롭게 할 것이라고 믿었던 그 미국을 의심하고 그에 맞서기 시작합니다. 한쪽에서는 제2차 세계대전 이후 가장 막대한 풍요를 누리면서 다른 한쪽에서는 흑인 극빈자들이 비참하게 죽어 가도록 내버려두는 미국, 말뿐인 헌법과 질서의 수호를 강조하면서 진정 죽어 가는 사람들을 내버려두는 미국, 그리고 베트남을 불사르는 미국.

1968년. 맬컴의 죽음 이후 3년이 지났고, 킹의 인생에 있어서도 최후의 해에 그는 베트남 전쟁을, '정의로운 전쟁'을 벌이는 미국을 비판하는 데 대부분의 시간을 씁니다. 킹은 베트남 전쟁을 비판하면 지금껏 그에게 호의를 보였던 백인 사회 대부분이 그에게 등을 돌릴 거라는 사실을 알고 있었습니다. 그러나 그 사실은 더 이상 그를 두렵게 만들지 못했죠.

> 나는 더 이상 이 문제에 대해 침묵하지 않을 것입니다. 우리나라의 영혼이, 베트남의 어린이들 수천 명을 죽여 가고 있습니다! 베트남에서 적군 병사 한 명을 죽이는 데 50만 달러를 쓰면서 자국 내의 가난한 시민에게는 단돈 50달러만 쓰는 나라는 자기 자신의 도덕적 모순에 의해 파멸할 수밖에 없는 것입니다. 콘, 『맬컴 X vs. 마틴 루터 킹』, 397쪽

이렇게 베트남 전쟁을 비판하기 시작하자 킹을 지지하던 많은 백인들이 그를 무시하기 시작합니다. 당시 킹에 호의적이었던 정부도 킹을 무시하기 시작합니다. 그럴수록 킹은 굴하지 않고, 자신이 주장하던 통합주의가 깨져 나가는 데도 불구하고 계속 강력한 목소리로 메시지를 외칩니다. 그렇게 많은 백인들 그리고 심지어 킹의 흑인 동료 일부조차 그런 킹을 비난하게 됩니다. 그들은 자신들이 미국인이기에 애국자라면 자국의 전쟁을 비판해서는 안 된다고 주장했지만 킹은 결코 멈추지 않았죠.

1964년 처음이자 마지막으로 만난 마틴 루터 킹과 맬컴 X.

그는 그 순간 그가 평생토록 추구해 온 '그의 미국', 즉 피부색과 상관없이 모두가 평화로이 형제자매로 살아갈 수 있는 공동체를 만들어 가고 있었던 것입니다. 기존의 킹 자신이 주장했던 것처럼 이미 그런 공동체가 있고 우리는 거기로 돌아가면 된다고 말하는 것이 아니라, 그런 공동체를 만들어 가고 있다고 확신하고 있었습니다. 킹은 더 이상 모든 백인들이 사랑하는 모범적인 미국인으로 남으려 하지 않았던 거죠. 그 순간 킹의 목소리는 와츠 빈민가의 흑인들의 목소리였고, 베트남의 아이들의 목소리였고, 맬컴의 목소리였으며, 그 무엇보다도 그들 모두의 삶을 목도하고 자신의 신념과 고뇌로 녹여 낸 마틴 루터 킹 주니어 자신의 목소리였습니다.

앞서 말씀드렸던 것처럼, 맬컴 X는 킹에게 손을 내밀기 시작했던 때에 암살을 당합니다. 그래서 킹과 맬컴 X는 평생 동안 제대로 만나서 이야기를 해본 적이 없습니다. 앞 쪽의 사진이 킹과 맬컴이 유일하게 만난 사진인데, 이때도 법원에서 나오다가 우연히 마주치고 어색하게 악수를 나눈 것이 다였습니다. 그들의 만남은 결국 이루어지지 못했지만 그들은 이미 오래전부터 서로를 변화시키고 있었다고 할 수 있습니다. 맬컴은 마지막 일 년 동안 더 이상 미국 흑인들이 아프리카인이어야 한다고 말하지 않았으며, 그들이 무엇이 '되어야 할' 것인가에 대하여 골몰했고, 킹은 마지막 일 년 동안 더 이상 미국 흑인들이 미국인일 때 자유로워질 수 있다고 말하지 않았으며, 그가 추구하는 미국을 '만들어' 나가기 위해 투쟁했습니다.

맬컴과 킹은 분명 오랜 시간 대극점에 서서 각각 아프리카인 혹은 미국인이고자 했습니다. 하지만 그들은 서로의 존재를 통해, 메카의 순례와 와츠의 폭동을 통해 미국인이거나 혹은 아프리카인인 것만으로는 미국의 흑인들은 결코 자유로워지지 못하리란 것을 깨달았던 거죠. 맬컴과 킹이 서로 알지 못했던 현실이 서로의 발밑에 존재해 왔고, 또 60년대 중후반의 격동 속에서 그 모든 현실이 급변하고 있었습니다. 이제 미국의 흑인들은 더 이상 옛 아프리카 왕국이나 미국 헌법으로 돌아가서는 세계 속에서 자신이 누구인지를 알 수 없었습니다. 그 급변하는 현실을 바탕으로 세계의 투쟁 속에서 새로이 자신을 구성할 때 흑인은 정녕 자유로울 수 있다는 것을 두 사람 다

깨달았다는 거죠.

그래서 저는 이것을 맬컴은 마틴 루터 킹 '되기'를 한 것이고, 킹은 맬컴 X '되기'를 한 것이라고 해석하고 싶습니다. 이게 정말로 '되는 것'은 아니죠. 그 사람 자체가 되거나 혹은 똑같이 된다는 건 불가능합니다. 살아온 기반이 다르고 해온 경험이 다르고, 해왔던 말이 다르고 처한 현실이 다르니까요. 하지만 그렇다 하더라도 서로가 되고자 하는 시도를 통해서 이전의 자기 자신과는 다른 어떤 다른 존재가 될 수 있었던 거죠. 결국 그들이 한 일은 자신의 현실에 똑바로 발을 디디고 있으면서도 이미 존재하는 흑인의 정체성, 이미 존재하는 미국인의 정체성, 이미 존재하는 아프리카인의 정체성, 그런 것들을 뛰어넘어서 그리고 이미 존재하는 자기 자신을 뛰어넘어서 새로운 흑인의 길을 찾고 구성하고자 한 것이었습니다. 그것은 바로 흑인의 흑인-되기입니다.

'정체성'과 '되기'의 혁명

'되기'는 포스트구조주의 철학자 질 들뢰즈(Gilles Deleuze)의 개념입니다. 이 개념을 간단히 설명하면서 이야기를 이어나가 볼 텐데요. 이진경 선생님의 『노마디즘』 2권, 휴머니스트, 2002이 이 개념을 아주 잘 설명해 주고 있어서, 그 책의 도움을 받으면서 말해 보겠습니다. 우리는 무엇인가를 설명할 때 '이다'라는 표현을 사용합니다. '백인이다', '남성이다', '흑인이다', '여성이다'…. 이러한 '이다', '~이기'는 어떤 것의 현재 고정되어 있는 상태가 갖는 동일성과 정체성을 설명합니다. 그래서 '이다'를 사용할 때 우리는 그 대상을 고정시키고 속성을 정의하는 것이라고 할 수 있지요.

한편 '되기'는, 고정된 것과 고정된 것 '사이'의 어떤 것입니다. 우리가 '크다', '작다'라고 말할 때, 이건 상태를 말하는 거죠. '이다'라는 고정된 상태인 거예요. 그런데 '커지다' '작아지다'라고 이야기를 하면 큰 것도 작은 것도 아닌 그 사이를 말하는 거죠. 진행 중인 '과정', 이것이 '되기'입니다. 이것도 저것도 아닌 '사이의 그 무언가'이며, 따라서 어디로 튈지 모르는 잠재력을 가진 움직이는 무언가, 멈춰선 상태가 아닌, 끊임없이 가능성을 모색하는 무언가가 '되기'입니다. 거기에는 다른 무언가를 향하는 힘과

의지가 존재하며, 그럼으로써 '되기'는 '수행'된다고 할 수 있습니다.

2016년, 미국에서 열린 제88회 아카데미 시상식은 시작 전부터 냉랭한 기운이 감돌았습니다. 이해 모든 주요 부문 후보들이 백인이었기 때문이었는데요. 그 때문인지는 몰라도, 아카데미는 이날 MC로 배우이자 스탠드업 코미디언인 크리스 록(Chris Rock)을 낙점했습니다. 크리스 록은 흑인이며 특히 인종차별을 비꼬는 스탠드업 코미디 '크리스 록 쇼'로 명성을 떨친 이였고, 이날 시상식에서도 주저 없이 백인 배우들뿐인 후보 라인업을 비판합니다. 흑인 배우들에게도 동등한 기회가 주어져야 하며 나아가 흑인 배우들만을 위한 상이 따로 만들어져야 하지 않겠느냐는 그의 주장에 많은 참가자들이 박수를 보냅니다. 그런데 이 날 시상식 도중, 크리스 록은 갑자기 세 명의 동북아시아계 어린이들을 무대로 불러올립니다. 그러고는 다음과 같은 농담을 던지죠.

> 자, 미래의 훌륭한 회계사가 될 분들을 소개합니다. 혹시 내 농담이 불쾌했다면 스마트폰으로 트위터에 올리

세요, 물론 그 스마트폰도 이 아이들이 만들었겠지만.

수학에 뛰어나고 수동적이고 일벌레가 많다는 아시아인들에 대한 편견이 담긴 농담이었죠. 이게 끝이 아니었습니다. 락은 이날 출품된 영화 「캐롤」을 두고 '레즈비언(girl on girl) 동영상'이라는, 성인 동영상에나 쓸 법한 표현을 사용해 또 한 번 비판의 대상이 되었습니다. 왜 이런 일이 벌어지는 걸까요? 소수자인 크리스 록이 소수자 문제를 제기하면서도 어떻게 아시아인과 성소수자에 대한 농담을 아무렇지 않게 던질 수 있었을까요?

여기에 대해서 저는 앞서 말씀드렸던 '이기'와 '되기'라는 개념을 가지고 말씀드리고 싶습니다. '이기'와 '되기'는 소수자 운동에서 함께 가야 하는 것이라고 생각합니다. 그러나 오늘날의 소수자 운동은 대부분 '이기'에 집중하는 것 같아요. 많은 경우 소수자로서의 자신을 정의하고 끊임없이 그 정의와 소수자 정체성을 강화하는 형태로 운동이 이루어집니다. 물론 말할 것도 없이, 이런 식의 운동은 중요합니다. 소수자의 목소리는 언제나 침묵 속에 남겨지기 마련이므로 그를 드러내는 것 자체가 사회의 움직임을, 사회가 멈춰 서지 않고 변화할 것을 추동하기 때문입니다.

하지만 오직 거기에만 매몰된다면, 자기 자신이 누구인가만을 되풀이해서 똑같이 설명하고 그 기억과 정체성만을 지키려 한다면 이번엔 소수자 자신이 그 안에 갇혀 멈춰 서게 된다고 생각합니다. 마치 다수자의 사회가 변하지 않고 멈춰 있으려고 하는 것처럼. 그렇게 멈춰 서게 되면 곧 주변의 다른 새로운 운동의 가능성을 볼 수 없게 되고, 훨씬 더 다채로운 현실의 결들을 볼 수 없게 되며, 소수자인 자기 외의 또 다른 소수자의 침묵의 목소리들을 들을 수 없게 됩니다. 마치 크리스 록처럼, 혹은 각각 미국인이기를, 아프리카인이기를 고집했을 때 킹과 맬컴이 한동안 서로의 목소리를 듣지 못했던 것처럼 말입니다.

68혁명은 '이기의 시대에 일어난 되기의 혁명'이라고 볼 수 있습니다. 끊임없이 "너는 ~이어야 한다"는 명령에 맞서, 그 명령에 반해 다른 존재가 되고자 한 사람들의 '운동'이었다는 것이지요. '이기'는 존재를 정의함으로써 국면을 확고하게 만들지만 동시에 그 가능성을 제약합니다. '되기'는 불확실한 미래를 향한 도약이고 어떻게 흘러갈지 알 수 없는 것이지만, 그것은 새로운 가능성을 향해 스스로를 열게 하는 거고요. 흑인이 처한 현실 속에서 새로운 흑인이라는 존재를 구성해야 한다고, 흑인도 흑인이 '되어야 한다'고 말했던, 흑인이라는 존재를 그로부터 새로이 만들어 나가려고 했던 생애 마지막 해의 킹과 맬컴 X가 겪어야 했던 것처럼 그것은 결코 쉽지 않은 길이기도 합니다.

맬컴 X를 암살한 것은 맬컴이 속해 있었던 〈네이션스 오브 이슬람〉의 조직원들이었습니다. 킹이 베트남에 대한 목소리를 내자마자 그를 지지하던 많은 백인들이 등을 돌렸고요. 이렇게 킹과 맬컴이 '이기'에서 벗어나서 '되기'의 이야기를 하자마자 원래 이들을 지지했던 사람들이 위험을 감지했고, 킹과 맬컴은 죽음을 맞이했죠. 68은 수많은 '되기'의 시도를 낳았고, 거기에는 온갖 종류의 위험이 뒤따랐습니다. 어떻게 보면 '되기'의 길은 고행의 길입니다. 현재의 상태에 살고, 현재의 상태를 분명히 인식하면서도 안주하지 않고 그것을 벗어난 무엇을 추구하는 길이기 때문입니다. 미래를 통해 현재의 변화를 추동하고, 현재의 삶을 통해 미래의 변화를 추동하는 길. 그것은 그 자체로 힘겨울 뿐 아니라 언제 어디서 길을 잃어버릴지 모르는 위험과 함께하는 것이죠.

그럼에도 불구하고 우리가 어떤 성과를 이루어냈을 때, 마틴 루터 킹이 민권법안을 얻어냈을 때처럼 운동을 통해서 어떤 성과를 얻어내고 그것을 나의 정체성으로 삼았을 때, 그 극적인 순간의 기억에 기념비처럼 매달릴 때, 이미 지나온 길 위에 멈춰 서서 망부석처럼 과거와 미래를 규정할 때, '신념'이란 이름으로 '되기'를 멈출 때, 혁명의 힘은 사라진다고 생각합니다. 이것은 특히 이미 정체성의 시대이며, 수많은 소수자들이 자신들의 목소리를 내고 자신들의 고통을 드러내는 오늘날의 시점에서 더욱 중요하다고 생각합니다. 이러한 시대에 우리가 맬컴과 킹을 단지 오래전의 우상으로 남기고 더 이상 그들의 삶을 사유하지 않는다면, 우리는 그들 최후의 일 년 동안 그들을 스쳐 지났던 우리가 지금까지 보지 못했던 영감을 또다시 공허로 날려 보내게 될 것입니다.

네번째 강의

'꼰대'들의 혁명, '핏덩이'들의 혁명

—

'젊은이들의 혁명' 속 선배 사상가들의 고뇌와 선택

이제 마지막 시간입니다. 지난 강의에서 우리는 마틴 루터 킹과 맬컴 X라는 두 위대한 운동가의 삶을 통해 '되기'의 혁명으로서 소수자 운동을 살펴보았습니다. 그리고 마지막 강의에서는 지난번과는 조금 다른 주제로 '젊은이들의 혁명'이었던 68혁명의 여러 국면에서 관찰되는 세대 갈등의 양상들과 그것들이 우리에게 시사하는 메시지에 대해 알아보려고 합니다.

세대 갈등은 어느 때에나 결코 해결하기 쉽지 않은 문제임에 분명하며, 특히 혁명과 같은 극적인 변화의 순간에는 더더욱 그러할 것입니다. 그 때문에 이 문제는 어쩔 수 없는 것 혹은 자연스러운 것으로 내버려져 방치되는 경우도 많고, 오늘날에도 어느 정도 그런 측면이 있습니다. 하지만 그 문제를 진정으로 마주할 때 우리가 얻을 수 있는 것 또한 생각 이상으로 많음을, 우리는 68의 기억을 통해 알게 될 것입니다.

1. '요즘 젊은 것들은'

세대 갈등의 유구한 역사

"요즘 젊은 것들은…"이라는 말은 아주 클래식한 표현입니다. 굉장히 오래된 표현이죠. 기성세대의 한탄과 '답이 없는 꼰대'에 대한 젊은 세대의 불만은 인류의 역사가 시작된 이래 줄곧 이어져 온 전통이라고도 할 수 있을 것입니다. 이런 갈등이 어디까지 거슬러 올라가는지 볼까요? 고대 4대 문명 중에 하나로 우리가 교과서에서 배우는 수메르 문명의 점토판에도 이런 표현이 나오고요. 트로이의 목마로 유명한 고대 그리스의 서사시 『일리아스』에도 나옵니다. 동쪽으로 옮겨 오면 중국 전국시대의 사상서인 『한비자』에도 나오고 심지어 『조선왕조실록』에도 몇 번이나 등장하는 표현입니다. “우리 때는 안 그랬는데, 요즘 젊은 것들은…”이라고 혀를 차고, 젊은 사람들은 “저 꼰대들…”이라고 하면서 외면하는, 이런 표현이 오래전부터 있어 왔습니다. 사실 지금 거리로 나가서 아무나 붙들고 물어도 ‘꼰대들’과 ‘머리에 피도 안 마른 것들’에 대한 불만을 듣는 건 어렵지 않을 듯합니다.

젊은이들의 혁명, 68

하지만 세대 갈등의 유구한 역사에도 불구하고 그것이 1968년처럼 혁명이라 불릴 정도의 강렬한 운동으로 드러난 때는 그리 많지 않을 듯합니다. 68혁명에 따라붙는 수많은 수식어들 중 하나는 ‘젊은이들의 혁명’인데요. 앞 강의들에서 제가 사진을 보여 드렸었는데, 이 사진들에 젊은이들이 많이 등장하는 것을 볼 수 있었죠. 그만큼 68혁명의 가장 큰 특징 중에 하나가 젊은 세대가 주도한 혁명이었다는 겁니다. 그럼 이 시대의 젊은 세대는 어떤 사람들이었을까요? 이 젊은 세대는 두 차례의 세계대전, 그리고 세계대전 이후에 찾아온 자본주의 미국과 공산주의 소련의 냉전을 겪으면서 만들어진 기성세대의 질서에 혐오감을 드러낸 세대였습니다. 또한 이런 거대한 사건들을 겪었음에도 불구하고 그 이후에 찾아온 물질적 풍요에 젖어 전쟁의 상흔을 외면하는 기성세대의 도덕적 모순과 경직된 권위주의에 엄청난 불만을 품고 있었던 세대였습니다.

이런 이유로 젊은 세대가 주도한 68혁명 초기에는 어떤 특징이 있는데요. 68혁명 이전 기존의 혁명들은 보통 계급혁명입니다. 러시아의 공산주의 혁명부터 시작해서 자본가와 노동자의 '계급' 간의 투쟁을 보통 '혁명'이라고 이름 붙였죠. 그런데 68혁명의 초반부는 계급갈등보다는 '세대' 간의 투쟁에 초점이 맞춰져 있는 양상을 보입니다. 실제로 68을 이끌었던 건 젊은 지도자들로서 프랑스의 다니엘 콩방디(Daniel Cohn-Bendit), 영국에서 활동한 타리크 알리(Tariq Ali), 미국의 톰 헤이든(Tom Hayden), 독일의 루디 두취케 같은 인물들이었습니다. 루디 두취케는 앞 강의에도 나왔던 사람이었죠. '이미지'의 문제를 다룰 때, 루디 두취케가 독일어로만 연설을 하는데도 그 자리에 모인 세계 각국의 학생들이 매료되었다는

1968년 5월 스웨덴 홀랜다르가탄의 학생연합건물을 점거한 좌파 학생들 앞에서 발언하는 당시 교육부 장관 올로프 팔메(Olof Palme).

이야기를 했었습니다. 아무튼, 이렇게 각국의 학생지도자들이 혁명의 아이콘으로 떠올랐다는 것이 68혁명의 특징이었죠.

기성세대와 젊은 세대의 상호 불신

이에 대해 기성세대는 좌우를 가리지 않고 혁명에 불안과 불신의 시선을 보냅니다. 우파, 소위 보수라는 사람들은 그 젊은 '불한당'들이 사회적 혼란을 야기한다는 이유로 불안을 품고 있었는데요. 그럼 좌파 기성세대들은 왜 이런 젊은 세대를 좋아하지 않았을까요? 좌파는 계급혁명이라고 하는, 자본가와 노동자 사이의 투쟁을 통해 경제적 차원에서 세상을 바꿔야 한다는 혁명의 전통이 있는데, 젊은 세대는 '사회가 경직되어 있다', '따분하다', 이런 이야기를 하면서 혁명의 전통을 흐트러뜨리고 있다고 본 것이었습니다. 한마디로 혈기만 왕성한 철부지들이라고 보았던 거죠. 우파가 보기에는 불한당, 좌파가 보기에는 철부지. 이렇게 좌우를 막론하고 기성세대에게는 젊은 혁명가들이 안 좋게 보였던 겁니다.

그런데 이런 불만과 불신은 젊은 혁명가들 입장

1934년 미국의 미네아폴리스 팀스터 노조 파업 과정에서 경찰과 충돌하는 운송노조원들. 68 이전의 좌파 사상가들에게 혁명은 이와 같이 계급 사이의 투쟁을 통한 것이었다. 이들의 눈에 68의 젊은이들은 '철부지'에 다름 아니었다.

에서도 마찬가지였습니다. 68의 젊은이들은 기성세대 우파와 좌파 모두가 겉으로는 대립하는 듯 보여도 실은 야합하고 있으며 똑같이 권위주의에 사로잡혀 세계대전과 그것이 남긴 도덕적 모순으로 썩어 들어가는 세계를 외면하고 있다고 비난했습니다. 우파나 좌파나 똑같다는 거죠. 젊은 세대는 기성세대 권위주의의 타파와 섹슈얼리티를 포함한 일상에서의 더 많은 자유, 그리고 즉각적인 정치적 변혁의 실천을 요구했습니다.

사실 이건 요즘에 일어나는 일을 봐도 마찬가지라고 생각합니다. 젊은 세대가 정치인들을 보면 여당이나 야당이나 비슷해 보이고, 둘다 권위주의에 사로잡힌 꼰대라고 느낀다는 거죠. 그래서 68의 시대와 비슷한 점이 있는 것도 같은데요. 아무튼 68의 순간들을 돌이켜보면 이와 비슷한 레토릭이 되풀이되는 세대 갈등의 현장들을 수도 없이 발견할 수 있습니다. 하지만 이렇게 표면적인 측면만을 살피는 데에서 더 나아가 더욱 세심히 살펴야 할 순간들은 분명 존재한다고 생각합니다.

발언하고 있는 프랑스의 학생지도자 다니엘 콩방디.

혁명의 선배들, 프랑크푸르트 학파

젊은 혁명가들에게 우려의 시선을 보냈던 기성세대 가운데에는 '젊은이들의 혁명'에 사실상 사상적인 토대를 제공했다고 평가받은 이들도 있었습니다. 그들에게는 공통되는 특징이 있는데, 대부분 독일에서 수학했으며, 기존의 사회구조와 정치경제체제에 대한 변화를 꿈꿨고, 나치에게 쫓겨 한때 고국인 독일을 등져야만 했던 경험을 공유하고 있었습니다. 그들은 자본주의 체제의 모순과 그것이 길러 낸 파시즘의 해악, 그리고 나치가 사라진 이후 냉전 질서 속에서 두 개로 갈라진 세계를 주시하고 있던 이들이었죠.

그들은 비판이론가들, 혹은, 그들의 연구소가 자리했던 도시의 이름을 따 프랑크푸르트 학파라고 불렸습니다. 헤르베르트 마르쿠제(Herbert Marcuse), 테어도어 아도르노(Theodor W. Adorno), 위르겐 하버마스(Jürgen Habermas) 등 여러 저명한 사상가들이 그 학파에 속해 있었는데요. 중요한 것은 이 비판이론가들이 세계대전이 있기 전부터 자본주의 질서의 모순을 통찰하면서 세계에 대해 비판적인 시각을 가지고 있었고, 68의 젊은 세대들은 어떤 의미에서는

1964년 하이델베르크에서 제레미 샤피로(Jeremy J. Shapiro)가 찍은 호르크하이머(Max Horkheimer)와 아도르노의 사진. 오른쪽 뒤로 머리를 만지고 있는 인물이 하버마스이다.

이 프랑크푸르트 비판이론가들에게서 사상적인 토대를 제공받고 그 이론의 언어를 통해 이야기를 했다는 겁니다.

하지만 68혁명의 과정에서 이 비판이론가들과 젊은 세대 간에도 '세대 갈등'이라고 할 만한 모습을 볼 수 있어요. 다만 그것을 본격적으로 살피기 전에 프랑크푸르트 학파와 아주 오랫동안 교류했으며, 유태인이고, 나치의 손아귀에서 간신히 빠져나와 미국에서 명성을 얻은 인물을 먼저 살펴볼 필요가 있습니다. 그녀의 이름은 한나 아렌트(Hannah Arendt)였습니다.

2. 한나 아렌트와 폭력의 문제

하이데거와의 만남, 그리고 배신

한나 아렌트는 중산층 집안에서 태어나 부족함 없이 자랐고, 열일곱 살이 되었을 때, 독일의 마르부르크 대학에 입학을 하게 됩니다. 그리고 아렌트가 입학했을 때, 그곳에서는 한 젊은 교수가 이름을 날리고 있었습니다. 말도 잘하고 똑똑하다고 이름이 나 있었죠. 그 교수의 이름이 마르틴 하이데거(Martin Heidegger)였습니다. 하이데거라는 이름은 철학에 관심이 없더라도 한 번은 들어 보셨을 겁니다. 이 사람은 보통 3H로 불리는, 독일이 낳은 위대한 철학자 세 사람 중 한 명인데요(3H는 헤겔, 후설, 하이데거를 말합니다. 셋 다 성이 H로 시작으로 해서 3H인 거죠). 하이데거의 강의를 들었던 사람들의 목록을 보면 좀 놀랍습니다. 마르쿠제나 레비나스(Emmanuel Levinas)를 비롯해 훗날 이름을 날리게 되는 쟁쟁한 유태인 수재들이 가득했는데, 아렌트도 그 중 하나였습니다.

아렌트는 곧 하이데거의 애제자가 되었고, 곧 그와 내연 관계로 발전하게 됩니다. 이때 하이데거는 결혼을 한 상태였지만, 어쨌든 한동안은 잘 지냅니다. 하지만 언제부터인가 하이데거가 갑자기 아렌트를 멀리하기 시작하는데요. 처음에 아렌트는 그 까닭을 몰랐습니다. 여전히 그와는 학문적으로 잘 통했고, 애인일 뿐만 아니라 학문적인 동지이기도 했으니까요. 그런데 별 계기도 없이 하이데거가 그녀를 멀리하기 시작한 거죠. 그녀가 그 이유를 짐작하게 된 것은 1933년이 되어서였습니다. 그 해 하이데거는 프라이부르크 대학 총장에 취임했으며, 그 취임 연설 자리에서 나치에 대한 공개적인 지지를 천명합니다. 그리고 아렌트는 독일을 탈출하게 됩니다.

아렌트는 비록 우리가 아우슈비츠라는 대표적인 이름으로 알고 있는 독일의 절멸수용소에 보내지지는 않았지만 탈출 과정에서 몇 번이고 죽을 고비를

1924년 마르부르크 대학 입학 당시의 한나 아렌트.

넘기게 됩니다. 그녀의 수기 기록을 보면 살아남기 위해 나치 대원을 유혹해 속여 넘기기도 했고, 한 번은 잡혔다가 독일인들 사이에 몰래 섞여 탈출하기도 했다고 합니다. 그녀는 대담했고, 통찰력이 있었으며, 운도 좋았다고 할 수 있었죠.

그러나 아렌트 전 남편의 사촌이자 그녀의 또다른 학문적 동지였던 발터 벤야민(Walter Benjamin)은 그녀만큼 운이 좋지 못했습니다. 아렌트와 벤야민은 탈출 초기에는 함께 탈출하고 있었는데, 벤야민은 더 이상 빠져나갈 수 없다는 절망에 자살을 하고 맙니다. 아렌트가 천신만고 끝에 미국에 도착했을 때 그녀의 품에는 벤야민이 그녀에게 맡긴 마지막 원고가, 배에서 몇 번이나 읽으면서 그녀의 눈물로 너덜너덜해진 원고가 들려 있었다고 하고요. 아렌트는 그것을 이미 미국으로 넘어와 있던 아도르노에게 넘깁니다. 그러고 나서 아렌트는 미국에서 새롭게 자리를 잡고 연구를 지속해 명성을 얻습니다.

그리고 그로부터 27년 뒤, 1967년 12월. 68혁명 직전 예순세 살의 한나 아렌트는 뉴욕의 한 연단에 앉아 있었습니다.

Klaus Liffers[wikipedia.org]

스페인 포르부에 있는 발터 벤야민의 무덤. 벤야민은 독일을 탈출하던 도중 포르부에 이르러 절망감에 자살을 하고 만다. 아렌트는 벤야민이 건네준 원고뭉치를 가지고 미국으로 탈출하는 데 성공한다.

젊은 세대와의 토론

그 자리는 뉴욕 지성들이 토론과 대화를 하는 장인 '시어터 포 아이디어'였습니다. 그곳에는 언어학자이면서 현실정치 참여에 적극적이었던 노엄 촘스키(Noam Chomsky)를 비롯한 석학들이 그녀와 더불어 패널로 나와 있었고, 거기서 아렌트는 촘스키와 더불어 비폭력의 힘과 필요성에 대해 말하고 있었습니다. 이 주제는 아렌트에게 일회적인 것이 아니었습니다. 아렌트가 평생 동안 경계한 것이 바로 폭력의 문제였기 때문입니다.

폭력에 대한 그녀의 경계는 전체주의, 곧 나치즘과 스탈린주의가 세계와 그녀의 삶에 남긴 흉터에서 비롯한 것이었습니다. 아렌트는 직접 그 사건들, 즉 나치가 일으킨 사건을 겪었고, 스탈린(Iosif Stalin)이 세계에 일으킨 영향을 보았습니다. 또 함께 탈출하다가 죽음을 맞은 벤야민과 자신을 배신했던 하이데거의 기억은 아직 그녀에게 과거의 깊은 흉터로 남아 있었죠. 그래서 한나 아렌트는 평생 동안 전체주의를 연구했고, 전체주의를 연구한 이래 아렌트의 관심은 언제나 폭력과 테러에서 비롯하는 정치를 넘어선, 인간의 잠재력이 발휘되는 정치를 발견하는 것에 있었습니다. 그날 '시어터 포 아이디어'에서도 아렌트는 말합니다.

> 폭력은 항상 무기력에서 나오는 것이며, 폭력은 권력 없는 자들의 희망이다. 길혀홀타이, 『68혁명, 세계를 뒤흔든 상상력』, 80쪽

그때 방청객에서 한 젊은 여성이 일어나 아렌트에게 질문을 합니다.

> 왜 폭력의 문제를 더 분명히 다루지 않습니까? 지금 문제는 이 자리에 있는 우리와, 우리의 지인들이 곧 폭력을 사용해야 할지 말아야 할지, 그것이 아닌가요? 같은곳

이렇게 물어봤던 거예요. 이게 67년 12월이라고 했잖아요. 바로 한 달만 지나면 68년이 시작되고, 이미 베트남전이나 흑인민권운동과 관련된 저항이 일어나고 있었던 시기였습니다. 그래서 이 질문을 한 여성은 '이런 이슈들 속에서 우리가 폭력을 써야 하

는지를 물어야 하는데, 당신은 그저 비폭력에 대해서만 말하고 있다', 이런 문제제기였던 거죠.

그리고 뒤이어 또 다른 젊은 남자가 아렌트에게 말합니다.

> 당신이 말이나 이론이 아니라 실천으로 베트남전과 인종주의에 맞서 무언가를 할 수 있다는 증거를 내놓지 못하는 한, 마냥 그것을 기다릴 수 없는 사람들의 폭력을 비난해서는 안 된다고 생각합니다. 길혀홀타이, 『68혁명, 세계를 뒤흔든 상상력』, 81쪽

앞의 질문을 했던 사람은 33세였던 수전 손택입니다. 젊은 남자는 28살이었던 톰 헤이든이고요. 두 사람 다 앞의 강의에서 말씀드렸는데요. 톰 헤이든은 미국에서 학생운동을 이끌었던 지도자였고, 수전 손택은 우리가 미디어와 이미지에 대해서 이야기할 때 나왔던 인물이죠. 이때는 이 두 사람 다 젊었습니다.

아렌트는 그 자리에서는 두 사람의 지적을 쉬이 받아들이지 않았습니다. 그녀는 그런 식으로 일어났던 폭동들이 얼마나 빠르고 덧없이 사라져 갔는가를

유럽의 역사에서 사례를 들어 가며 반박을 합니다. 하지만 그럼에도 그 두 젊은 남녀의 지적은 아렌트의 뇌리에 꺼림칙한 과제로 남아 있었습니다.

젊은 세대의 혁명과 폭력

이듬해, 1968년이 되었고, 아렌트는 미국과 유럽을 집어삼킨 학생 혁명을 추적하기 시작합니다. 그녀는 무엇이 학생들로 하여금 반란과 폭력이라는 수단을 선택하게 했는지 이해하고자 했고요. 2년 뒤에 아렌트는 이 연구를 토대로 『폭력의 세기』를 집필합니다. 그리고 이 책에서 '시어터 포 아이디어'에서 두 명의 젊은이와 벌였던 토론이 이 책을 쓰게 만들었노라고 밝힙니다.

이 책에서 아렌트는 '권력'과 '폭력'을 구분합니다. 인간의 공동 행동 능력에서 만들어지는 '권력'과, 목적을 이루기 위한 수단으로서의 '폭력'을 대립시키며 권력이 폭력을 수단으로 사용할 때 이미 그 권력은 파멸로 향하고 있는 것이라 주장합니다. 여전히 아렌트는 폭력이라는 것에 대해 강한 경계를 드러내고 있는 거죠. 하지만 동시에 그녀는 '시어터 포 아이디어'에서의 순간들을 직접 언급하며 특정한 경우들에는 폭력이 유효할 수 있음을 인정합니다.

> 폭력은 (수단이기에) 원인들을 촉발시키지 않으므로 역사도 혁명도 진보도 반동도 일으키지 않는다. 그러나 불만을 극적으로 표현하는 데 도움을 줄 수 있고 그래서 공적인 주의를 환기시킬 수도 있다. 한나 아렌트, 『폭력의 세기』, 김정한 옮김, 이후, 1999, 121쪽

아렌트는 이를 통해 68의 젊은 세대들이 반란과 폭력을 선택한 이유를 설명하고 있습니다. 그녀가 보기에 젊은이들은 원자탄으로 대표되는 현대무기의 자멸적인 발전, 나치로 대표되는 기성세대가 물려준 폭력이 침투된 정치의 경험, 세계를 파멸로 몰아가는 기술적 진보 속에서 변함없는 일상의 흐름을 끊어 내고 도덕적 가치들을 회복시키려는 수단으로 폭력을 택한 것이었습니다. 하지만 아렌트는 그런 그들의 동기와는 별개로, 폭력은 설사 세계를 변화시키더라도 더욱 폭력적인 세계로 변화시킬 가능성이 높으며, 언제나 목적을 압도하는 수단이 될 가능성을 내

1968년 11월 핀란드 헬싱키대학의 구 학생연합 건물을 점거하고 있는 좌익 학생들을 방해하기 위해 우익 학생들이 연막탄을 터뜨리고 있다.

포한다는 점을 또한 지적하는데요. 그녀는 이처럼 폭력에 대한 자신의 경계를 결코 늦추지 않으면서도 왜 1968년에 이 새로운 세대가 폭력이라는 수단을 택해야만 했는지, 제한적인 활용이 이루어질 때 그것이 어떤 효과를 가질 수 있는지를 책에서 명시하고 있습니다.

한나 아렌트와 관련해서 68혁명 당시의 일화가 또 하나 있는데요. 당시 아렌트는 프랑스에서 추방당한 젊은 다니엘 콩방디에게 한 장의 편지를 보냅니다. 나치를 피해 달아나던 시절, 자신은 다니엘의 부모와 만난 적이 있었고 그분들이 살아계셨다면 분명 그를 자랑스럽게 여겼을 것이며 만일 도움이 필요하다면 언제든 연락하라는 내용이었지요. 왜 그녀는 폭력이란 수단을 결코 신뢰할 수 없었음에도 그것을 수단으로 사용해 세계를 바꾸려 하는 젊은이에게 그와 같은 편지를 남겼을까요.

여기서 우리는 이런 점을 한 번 생각해 봐야 할 것 같아요. 비록 폭력에 대한 아렌트의 주장, 즉 폭력은 위험하지만 때때로 유용하다는 이 주장이 여전히 원론적으로 느껴질 수도 있지만, 우리는 그녀가 쇼어

(홀로코스트)라는 일찍이 인류사에 존재한 바 없었던, 아니 존재했지만, 그런 식으로 강력하게 다루어진 바가 없었던 미증유의 폭력을 경험한 사람이라는 점을 생각해야 한다는 거죠. 그리고 아렌트가 그 고통스러운 기억을 가지고 예순다섯에 이르는 생애 동안 그것을 연구하면서 이론을 쌓아 오고 생각을 굳히고, 그것들을 알리기 위해 노력했던 명망 높은 학자였음을 기억해야 합니다. 그러한 그녀가 세계를 변화시키는 수단으로서 폭력을 주창하는 젊은 세대들을 이해하면서 그들과 대화하기 위하여 노력하고자 했던 것이 무슨 의미인지, 그녀가 어떠한 생각으로 무엇을 위해 그렇게 했는지, 우리는 좀 더 곰곰이 생각해 봐야 할 것입니다.

3. 마르쿠제와 아도르노 : 결정주의의 문제

세계대전과 프랑크푸르트 학파

이제 프랑크푸르트 학파에 대한 이야기로 돌아가 보겠습니다. 프랑크푸르트 학파의 사상에 대해서 조금 더 설명을 드리자면, 이 학파는 기본적으로 공산주의의 아버지라고 할 수 있는 카를 마르크스(Karl Marx)를 계승해 자본주의에 대한 비판적인 시선을 가진 이들이었습니다. 그러나 그들은 경제적인 요소(하부구조)에 문화적인 요소(상부구조)가 종속되어 있다는 마르크스의 견해와 달리 현실 자본주의에서 계급의 사회적 의식이나 문화가 실제로 특수한 기능을 수행한다고 보았으며 그를 규명하기 위해 노력한 이들이기도 합니다. 공교롭게도 그 멤버들 중 대부분이 유태인이었기에 이들은 나치의 집권과 동시에 독일로부터의 탈출을 감행해서 거의 다 미국으로 건너옵니다. 불운했던 발터 벤야민을 제외한 나머지는 성공적으로 미국으로 건너와서, 세계대전이 끝날 때까지 미국에 머무르죠.

그런데 여기서 이 사람들이 건너온 곳이 미국이라는 점을 생각할 필요가 있어요. 미국은 자본주의의 심장이었죠. 미국의 도시들도 자본주의의 모든 특징을 전면에 드러내고 있었고요. 이 프랑크푸르트 학파의 사람들은 나치를 피해서 건너왔는데, 여기서 딱 마주친 것이 하필 또 자신들이 공부하고 비판해 온 자본주의의 심장이었던 거죠. 그래서 그들은 미국에 머무르면서 특히 미국의 대중문화가 어떻게 소비자들을 사로잡고 길들여 가며 자본주의의 모순을 은폐하는지에 대해 경계하고 연구합니다. 그런데 그러면서도 동시에, 독일 파시즘을 패망시키기 위해 한편으로는 미국 정부에 협력하기도 합니다. 그래서 그들 가운데에는 이 시간이 굉장히 고통스러웠던 시간이었다고 이야기하는 사람들도 있습니다.

그 후 몇 년이 지나 나치가 패망한 이후에, 프랑

크푸르트 학파의 두 기수 중 헤르베르트 마르쿠제는 미국에 남고 테어도어 아도르노는 독일로 돌아옵니다. 아도르노는 폐허가 된 독일에서 변해 버린 세계에 대한 비관적인 시선을 견지하면서도 마치 나치가 없었던 듯 행동하는 독일 사회의 입을 열게 하려고 백방의 노력을 기울이죠. 그에 비해 마르쿠제는 이제 새로운 세계의 중심이 된 미국에서 물질적 풍요와 광고를 포함한 대중문화에 사로잡혀 자기 욕망마저 알지 못하게 된 '일차원적 인간'들을 고발합니다. 마르쿠제의 저서 『일차원적 인간』은 미국에서 엄청난 명성을 그에게 가져다주었으며, 특히 68의 학생들, 자본주의와 세계대전 이후의 도덕적 모순에 진절머리가 났던 학생들이 마르쿠제에게 열광적인 지지를 보냅니다.

젊은이들의 혁명과 아도르노의 고난

그리고 1968년, 아도르노와 마르쿠제는, 그 중에서도 특히 아도르노는 일찍이 그들이 겪었던 고난과는 또 다른 사태에 직면하게 됩니다. 68년 9월, '권위와 혁명'이라는 주제 토론이 열린 프랑크푸르트 도서전의 연단에 아도르노가 있었는데요. 이 자리에서 아도르노의 수제자이자 68의 주요 학생지도자 중 하나였던 한스-위르겐 크랄(Hans-Jürgen Krahl)이 마이크를 쥐고 아도르노를 향해 발언을 합니다.

> 6개월 전, 학생들이 프랑크푸르트 대학 위원회를 포위했습니다. 그때 우리의 연좌농성장에 방문했던 유일한 교수는 아도르노 교수님이었습니다. 그런데 교수님은 곧장 마이크 쪽으로 가더니, 마이크를 잡자마자 몸을 피하고 철학 세미나를 시작했어요. 간단히 말해 실천의 문턱에서 또다시 이론으로 물러난 셈입니다. 스튜어트 제프리스, 『프랑크푸르트학파의 삶과 죽음』, 강수영 옮김, 인간사랑, 2019, 482~483쪽

아도르노는 대답합니다.

> 글쎄, 올챙이배의 배불뚝이 노신사가 시위에 어울릴지 잘 모르겠소. 같은곳

이렇게 정면으로 부딪히지 않고 살짝 회피하는

대답을 합니다. 이 대화를 이해하기 위해서는 당시의 맥락을 좀 살펴봐야 하는데요. 이 무렵의 유럽 학생들은 여러 분야를 바꾸려고 했지만, 그 중에 강력하게 변화를 요구하던 분야 중 하나가 대학의 '민주화'였습니다. 그들은 대학에서 교수들의 권위주의, 대학 운영에 학생들의 의사가 전혀 반영되지 않는 것, 학위를 따기 위해 학생들이 교수에게 종속되어 있어야 하는 현실을 바꾸려고 했고 그런 의미에서 대학의 민주화를 요구했던 것인데, 대학 위원회에 대한 포위도 그 일환이었던 거죠.

그런데 아도르노는 그들의 목적에는 동의했지만, 그 전략과 방법론을 문제 삼습니다. 당시 학생들은 강의를 방해하거나 교원들을 붙잡아 두고 자아비판을 강요하는 등의 수단으로 압박을 했는데, 아도르노는 이런 방식에는 동의할 수 없었던 거예요. 그 결과 그는 학생운동의 가장 중요한 표적 중 하나가 됩니다. 이게 참 아이러니컬한 일인데, 프랑크푸르트학파 사람들이 파시즘을 피해서 도망을 간 거잖아요? 자기 삶에서 파시즘과 직접 맞닥뜨렸고, 그 파시즘과 맞서 싸웠던 사람들이면서, 다른 한편으로 파시즘과 마찬가지인 완전히 통제된 선진자본주의 사회를 평생 경계해 온 사람들인데, 그런 프랑크푸르트학파의 아도르노가 이번에는 국가의 편이 되어 그 국가를 파시즘이라 부르는 자신의 제자들과 맞서게 된 것입니다.

학생들은 강의개혁을 요구하며 아도르노의 세미나를 보이콧했고, 연구소의 방을 점거했으며, 수업 중 아도르노에게 자아비판을 요구하기도 했습니다. 여학생들은 수업 도중 연단 위의 아도르노를 에워싼 채 그들의 가슴을 드러내고 꽃잎을 그에게 뿌려 대기도 했고요. "밀고자를 타도하라!" "아도르노가 평화롭게 지낸다면 자본주의는 결코 멈추지 않는다!" "제도가 된 아도르노는 죽었다." 이런 강한 어조의 비판이 아도르노에게 쏟아졌습니다. 이에 대해 아도르노는 강의실을 박차고 나갔고, 경찰을 불러 방을 점거한 학생들을 쫓아냈으며, 크랄을 상대로 법적 소송을 겁니다.

아도르노와 마르쿠제의 입장 차이

그리고 아도르노는 이 모든 상황에 대해 편지로 미국

에 있는 오랜 동료인 마르쿠제에게 알렸으며, 학생들에게 명망을 얻은 마르쿠제가 독일로 와서 학생들과 이야기를 하고 좀 가라앉혀 달라고 도움을 청하기도 하지요. 아도르노는 마르쿠제에게 보내는 편지에 이렇게 씁니다. "학생들은 존재하지도 않는 이론에 그들의 실천을 결합시키려 한다네. 무서운 기억을 상기시키는 결정주의를 표현하고 있지." 제프리스, 『프랑크푸르트학파의 삶과 죽음』, 482쪽 여기서 '결정주의'라는 단어가 나오는데요. 결정주의는 어떤 사건이나 사태가 있을 때 도덕적·법적 원칙의 내용이 아니라 '원칙을 누가 결정했는가', '절차가 정당했는가', '결정하는 당사자가 정당한 권위 혹은 정치적으로 올바른 입장이나 방식에 기반했는가'가 중요하다고 보는 것입니다.

그러니까 아도르노가 보기에는, 이 학생들이 뭔가 실천을 하려고는 하는데 정확히 자기들이 어떤 생각으로 어떤 이론에 근거해서 그렇게 하려고 하는지가 없고, 일단 행동을 하려고 한다는 겁니다. 자신들이 도덕적으로 옳다는 생각에 기반해서 그렇게 행동하는 거죠. 그게 아도르노에게는 엄청난 공포였던 거예요. 왜냐하면 아도르노는 나치를 경험했거든요. 나

헤르베르트 마르쿠제. 마르쿠제는 아도르노와 달리 학생운동에 대해 지지하는 입장이었지만, 그 역시 유럽에 왔을 때 CIA에 협력했다는 이유로 학생 지도자들의 비난을 마주하게 된다.

치는 선거를 통해서 정권을 잡은 조직입니다. 정당한 절차를 거쳐서 히틀러가 독일의 총통 자리에 올랐던 거예요. 그래서 아도르노에게 '결정주의'라는 것은 엄청난 두려움의 대상이었던 거죠. 그런데 이 편지를 받은 마르쿠제는 학생운동에 대해 아도르노와 견해를 달리하고 있었습니다. 아도르노에게 쓰는 답장에서 마르쿠제는 이렇게 이야기합니다.

> 자네는 나를 잘 알지 않나. 나는 이론이 실천으로 매개되지 않은 채 번역되는 것을 거부하네. 자네도 이 점을 강조해 왔지. 그러나 나는 이론이 실천에 의해 떠밀려 가야 하는 순간과 상황이 있다고 믿네. 실천으로부터 분리되어 있던 이론이 스스로 진실하지 못한 때 말일세. 제프리스, 『프랑크푸르트학파의 삶과 죽음』, 484쪽

학생들에 대한 지지를 돌려서 표현한 것이죠. 이 답장에 아도르노가 마르쿠제에게 화를 내며 다시 편지를 씁니다.

> 나는 경찰을 부른 걸 후회하지 않아. 우리는 우리 시대

> 를 버려 왔지. 나는 물론 자네도 말일세. 지금보다 더 끔찍한 상황이었어. 유태인 학살의 상황에서는 실천으로 나아갈 틈도 없었지. 우리에게 실천은 막혀 있었어. 내면의 냉정한 성향을 명확히 유지하는 건 자기 성찰의 문제야. [⋯] 내재적 이율배반의 힘을 통해서 학생들의 운동이 변질되어 반대쪽으로 향하지 않겠나? 그들은 관료화를 막겠다고 소리치지만, 사실은 그쪽으로 곧장 향하고 있어. 제프리스 『프랑크푸르트학파의 삶과 죽음』, 485쪽

결국 나중에 마르쿠제가 독일도 오고 다른 나라들도 돌아다니는데, 물론 마르쿠제라고 해서 마냥 학생들의 지지만을 받은 건 아니었습니다. 마르쿠제가 유럽에 왔을 때, 앞에서 언급했던 프랑스의 학생지도자 다니엘 콩방디는 과거 마르쿠제가 나치에 맞서기 위해 CIA와 협력한 사실을 가지고 그의 면전에서 비아냥댑니다. 나치와 맞서기 위해서라는 구실도 상관이 없었던 거죠. 물론 마르쿠제도 기분이 나빴겠지만 학생운동에 대한 자신의 견해를 바꾸지 않았고 아도르노에게 또 다른 편지를 보냅니다.

> 물론 나는 학생운동이 그 자체로 혁명적이라는 말도 안 되는 견해를 피력하진 않았네. 그러나 학생운동은 가장 강력하고 아마도 유일한 촉매제가 되어 오늘날의 지배체제를 내재적으로 붕괴시킬 수 있을 거야. 미국의 학생운동은 진정 그런 촉매제가 되어 현실에 개입했었지. 정치적 의식을 발전시키고, 게토에서 소요를 일으켰으며, 과거에는 통합되어 있던 계층들로 구성된 체제에 거리를 두었고, 미국제국주의에 저항하는 시민들의 반경을 넓히고 동원했네. 제프리스 『프랑크푸르트학파의 삶과 죽음』, 488쪽

이렇게 오랫동안 학문적·정치적 동료였던 이들이 학생운동을 둘러싸고 편지를 주고받는데, 이 모든 상황이 아도르노에게는 너무나 견디기 힘든 것이었던 것 같아요. 그는 극도의 우울증에 빠져 알프스로 휴가를 떠났고, 그곳에서 심장마비로 급사합니다. 그리고 마르쿠제에게 보내지 못한 마지막 편지에서 아도르노는 자신이 학생운동의 목적 그 자체에 공감하지 못한 것은 아님을 분명히 하지만 동시에 중요한 경고를 덧붙입니다.

dontworry[wikipedia.org]

프랑크푸르트에 있는 아도르노의 무덤.

하지만 학생운동은 다소 광기를 드러내고 있다네. 그 속에는 전체주의적인 목적론이 도사리고 있지. 그저 전체주의의 메아리라고 볼 수만은 없는…" 제프리스, 『프랑크푸르트학파의 삶과 죽음』, 489쪽

아도르노와 마르쿠제는 둘 다 학생들이 자신들에게 행한 일을 부성(父性) 살해라고 부릅니다. 그러니까 아버지를 살해한 거라는 말이죠. 이건 '자식 같은 애들이 우리한테 어떻게 이럴 수 있어', 이런 식의 푸념과는 다른 것입니다. 아도르노와 마르쿠제 역시 세계를 어떻게 해석하고 바꿔 나가야 하는지에 대해서 자기들의 부모 세대와 맹렬하게 다툰 사람들이었거든요. 그래서 이 프랑크푸르트 학파 사람들 중에는 부모와 사이가 안 좋은 사람도 많았고요. 그런데 지금 이 순간에는 자식과 다름없는 제자들과 세계의 해석과 실천을 두고서 대결하게 된 것이죠. 그러면 우리는 이걸 어떻게 봐야 할까요?

이럴 때 흔히 인용할 만한 격언이 있습니다. 아마 많이 들어 보셨을 텐데요. "20살에 사회주의자가 아닌 사람은 심장이 없는 것이고, 40살에 여전히

사회주의자인 사람은 머리가 없는 것이다." 이 말은 흔히 아도르노와 학문적으로 대립했던 칼 포퍼(Karl Popper)의 말로 알려졌지만 잘못된 정보인 듯합니다. 어쨌든 그 뜻은 젊었을 때는 다 세계를 바꾸고자 하는 의지가 있다는 거죠. 그래야 젊은이라는 거고요. 그런데 나이 먹고서도 그 짓을 하는 건 머리가 없는 거라는 거죠. 그러면 우리는 젊어서 세계를 바꾸려 했던 아도르노와 그 제자들 사이에서 있었던 일들을 단지 출처조차 불분명한 이 격언으로만 해석을 해야 하는 걸까요? 젊었을 때는 다 그렇고, 그건 젊은 혈기일 뿐이라고 해석해야 하는 걸까요? 이런 식으로 젊은 치기가 무의미하게 반복되는 것뿐이고, 더 이상 언급할 가치가 없다고 제쳐 두면 될 일일까요? 이 점을 좀 더 살펴보기 위해서 우리는 한 사람을 더 살펴야 합니다. 마르쿠제와 아도르노보다는 뒤의 세대이지만, 68에서는 그들과 같은 '적폐'로 취급된 인물, 위르겐 하버마스가 바로 그 인물입니다.

4. 위르겐 하버마스와 공공영역의 문제

근대성에 대한 낙관과 68의 수난

위르겐 하버마스는 프랑크푸르트 학파의 다른 거장들과 달리 유태인이 아니라 독일인이었으며 청소년 시절에는 그 시절의 다른 독일 청소년들이 그러했듯 히틀러 유겐트에 소속되어 있기도 했습니다. 아버지가 열렬한 나치 지지자였고, 전쟁 말기 열다섯 살의 소년병으로 전선에 파견되기도 했고, 청소년기에는 아버지의 영향을 받아 히틀러에 동조하기도 했죠. 하지만 전후 차차 나이가 들어 가면서 그는 청소년기 자신과 가족들, 자신의 민족이 저지른 일을 회의하였으며 나치에 대한 비판의 날을 세우기 시작합니다. 저 아렌트조차 하이데거의 과거를 무마시켜 주려 노력하던 시절에도 하버마스는 집요하게 하이데거에게 죄의 해명과 회개를 요구했습니다. 그러나 하이데거는 후배의 지적에 단지 침묵했으며, 당대 독일의 아데나워 행정부 역시 나치의 죄과에 입을 닫습니다. 젊은 하버마스는 모국의 철학이 과거를 청산하는 데 실패했음을 깨달았죠.

하버마스가 그처럼 집요하게 하이데거와 기성세대에게 '말할 것'을 요구한 것은 하버마스의 사상과 관련이 있습니다. 하버마스는 인간은 이성적 의사소통을 할 수 있고, 그를 통해 합리적 합의를 이끌어 낼 수 있다고 믿었고, 그게 바로 인간을 진보시킬 수 있다는 것을 믿었습니다. 이것이 하버마스의 가장 기본적인 테제입니다. 그는 인간에게 이성적 소통의 능력이 분명히 존재하며 그를 통해 공공의 영역을 구축하고 공적 여론을 만들어 냄으로써 사회의 해방과 진보를 성취할 수 있다고 믿었던 거죠. 그래서 하이데거와 기성세대들에게, 당신들이 죄의식에 눌려 있건 어떻건, 아무튼 말을 하고 소통을 해야 한다, 공공의 영역에서 그걸 다루어야 한다, 라고 계속 요구했던 겁니다. 자발성에 근거하여 누구든 발언할 수 있고 그리하여 공동의 합의에 도달하는 '민주주의'의 이상, 그것이 하버마스가 지닌 근대성에 대한 낙관이었으며, 홀로코스트에서 살아남은 유태인인 프랑크푸르트 학파 스승들이 평생 견지한 비관과 대립되는 그만의 낙관이었습니다. 그리고 바로 그 낙관 때문에 위르겐 하버마스는 68 당시 학생들에게 적폐로 여겨지게 됩니다.

이 학생들은 실천을 앞세우다 보니까 자아비판을 요구하고 그랬다고 했잖아요. 하버마스가 보기에 이런 것은 그 목적이 무엇이든 정말 용서될 수가 없는 것이었습니다. 그래서 하버마스는 아도르노보다도 앞서서 68 학생들의 방법론에 '좌파 파시즘'의 기미가 있다고 발언을 합니다. 그러면서 하버마스는 곧바로 아도르노와 더불어 학생들의 타깃이 되죠. 그런데 하버마스는 불과 10년 전 프랑크푸르트 학파에서 과격파로 분류되던 사람이었습니다. 스승들을 불편하게 하면서까지 자본주의 사회를 공격하고 당대 독일의 체계를 거짓된 민주주의라고 불렀으며, 학생들의 정치 참여를 독려하고 독일의 핵무장 반대 시위 등을 주도했는데요. 당시 프랑크푸르트 연구소 재단

이사장이었던 프란츠 뵘(Franz Bőhm)이 하버마스를 지칭한 말이 바로 '좌파 파시스트'였습니다. 그리고 10년 후 하버마스는 이 단어를 자신의 학생들에게 쓰게 됩니다.

인터넷은 공공영역이 될 수 있는가?

68의 수난 이후 하버마스는 사실상 교단에서 내려와 연구실에 틀어박혀 공공의 영역에 대한 연구에 몰두했으며, 그의 낙관은 이후로도 숱한 후학들에게 비판을 받습니다. 비판의 지점은 우리도 쉽게 떠올릴 수 있는데요. 대체로 너무 낙관주의적이고 이상주의적이었다는 거죠. 그러던 중 2010년, 갑자기 전 세계 철학자와 사회학자들의 시선이 다시 그에게 쏠리는 사건이 발생합니다. 위르겐 하버마스가 트위터 계정을 만든 것입니다.

> 당시 80세의 독일 사상가가 트위터의 명사라는 게 정말 가능해? 진짜 하버마스가 140자 미만 글자로 자신의 정치윤리이론을 설명하려 했다고? 일부는 믿었고, 일부는 의심했다. 제프리스, 『프랑크푸르트 학파의 삶과 죽음』, 499쪽

하버마스가 평생 연구하고 주장해 왔던 공공영역과 민주주의의 이상이 인터넷을 통해 가능하다는 이야기를 하려고 하는 것인가, 라는 이유 때문에 엄청난 주목을 받았는데요. 안타깝게도 그것은 한 대학원생이 장난으로 만든 사칭 계정이었다고 합니다. 그 학생은 자신의 장난이 이렇게나 큰 화제가 된 것에 적잖게 당황했는데, 수많은 철학자와 사회학자들이 과연 하버마스가 그의 '공공영역' 개념을 어떻게 인터넷 시대에 풀어 내려 하는가에 지대한 관심을 보인 탓이었습니다. 과연 인터넷은 하버마스가 꿈꾼 그러한 공공영역이 될 수 있는 것인가? 그는 그렇게 생각하고 있을까?

『프랑크푸르트 학파의 삶과 죽음』을 쓴 스튜어트 제프리스(Stuart Jeffries)는 이 일이 있은 후 얼마 뒤 하버마스를 찾아가 직접 인터넷과 소셜 미디어가 공공영역으로 작동할 수 있을지를 물었다고 합니다. 하버마스는 고개를 가로저었다고 하고요.

> 인터넷은 고도로 파편화된 의사소통 회로의 반정부적인 전파를 풀어 놓습니다. [...] 물론 무제한적 의사소통

Wolfram Huke[http://wolframhuke.de]

2008년 뮌헨 철학대학에서 토론 중인 하버마스.

의 자발적이고 평등주의적 성격은 권위주의적 체계에서는 전복적인 효과를 가질 수도 있습니다. 하지만 웹 그 자체가 어떤 공공영역을 생산해 내진 않습니다. 그 구조는 전문가들이 검토하고 걸러내 온 주제와 발언들에 관해서 동시에 의견을 형성하는 시민들로 구성된 분산된 공중의 관심을 집중시키기에는 적합하지 않습니다. 제프리스, 『프랑크푸르트 학파의 삶과 죽음』, 520쪽

5. RE : '꼰대'들의 혁명, '핏덩이'들의 혁명

세계는 반복되는가?

이 하버마스의 트위터 이야기의 배경은 2010년입니다. 68로부터 무려 40년이 넘는 시간이 지난 뒤죠. 68의 세대 갈등을 이야기하다가 2010년까지 온 것은 너무 멀리 온 것이 아닐까 의아해하는 분들도 있으실 텐데요. 하지만 우리가 바로 이 지점에서 이야기해야만 하는 것이 있다고 생각합니다. 그것은 바로, 사회변혁을 시도함에 있어 반복되는 어떠한 양상에 관한 이야기입니다.

우리는 2020년대를 살고 있습니다. 하버마스의 트위터 사건이 있고도 10년이 넘는 세월이 지난 거죠. 그럼에도 불구하고 아렌트, 아도르노와 마르쿠제, 하버마스의 말과 그들을 둘러싼 상황의 맥락들은 놀랄 만큼 지금 이 순간과 닮은 점이 있습니다. 우리는 여전히 사회 변혁의 수단으로서 폭력 혹은 그에 준하는 힘에 대하여 논쟁을 하고 있고요. 특히 요즘은 '사적 제재' 같은 주제에 대해 논쟁을 합니다. 또 우리는 여전히 아도르노의 학생들이 그랬던 것처럼 사회 변혁에 있어 이론과 숙고보다 더욱 빠르고 즉각적인 실천을 요구하기도 합니다. 국민청원 같은 것이 대표적인데, 어떤 사건이 벌어지면 우리는 이론적 숙고보다는 당장의 가시적인 실천을 볼 수 있기를 원합니다.

더하여 우리는 여전히 공공영역을 학교에서 정치적 이상으로 배우지만 동시에 그것의 도래를 불신합니다. 68 학생운동에서 기성세대들이 젊은 세대를 안 좋은 눈으로 바라봤던 이유인 '위험한' 역동성은 영 페미니스트들에 의해 수행되며, '좌파 파시즘'과 '결정주의'에 대한 두려움은 어쩌면 그때보다도 증폭되고 있는 듯합니다. 세대 갈등 또한 여전하며, 정체성에 근거한 갈등은 세대뿐 아니라 젠더를 비롯해 보다 전방위적으로 펼쳐지고 있지요.

자기 자신의 절박함으로 말하고 행동하라

그렇다면 앞서 이야기했던 것처럼 이 모든 것을 무의미한 반복으로 여길 것이냐. 저는 다르게 이야기하고 싶습니다. 한 가지 확실한 사실은 1968년과 2020년의 상황적 맥락이 닮아 있다 하더라도 이것을 단지 차이 없이 반복되는 역사로, 어느 시대에나 모든 젊은 세대는 그래 왔고, 나이를 먹으면서 이성적으로 변해 가는 거라고 차이 없이 정의하는 것은 무의미하다는 것입니다. 설령 제3자가 과거와 현재의 상황을 둘러싼 언어/실천의 유사성을 지적한다 하더라도 그 상황의 주체들, 즉 당사자들은 예나 지금이나 그 지적에 개의치 않을 것이 분명합니다. 왜냐하면 그와 유사한 일이 과거에 있었건 없었건 당사자들은 언제나 지금 이 순간 자기 자신의 절박함을 가지고 말하며 행동하기 때문입니다.

이 글에서 언급된 '꼰대'들, 아렌트, 아도르노, 마르쿠제, 하버마스는 모두 젊은 시절 그들의 제자들 못지않게 기성의 세계와 치열하게 맞섰습니다. 그리고 시간이 흘러 그들이 기성세대가 되었을 때도 과거 자신들이 그러했듯 도전해 오는 제자들과 대결했을 지언정 그 모든 일을 무의미한 반복으로 정의하지는 않았다는 것을 주목해야 합니다. 우리는 그로부터 세계를 변혁하고자 하는 자들의 태도를 읽어 낼 수 있다고 생각합니다. 삶과 시대의 문제를 풀어내기 위해 우리가 포착해야 할 것은 되풀이되는 시대의 시간성이 아니라, 지금 이 순간 당사자들의 절박함이 지닌 현재성이라고 생각을 하고 있고요. 우리가 고민해야 할 것은 그들이, 또 우리가 어떻게 그 절실함을 드러낼 수 있는가의 문제이며, 또 그들과 우리가 어떻게 그 절실함을 공유하고 공동의 문제로 풀어 나갈 수 있는가 하는 것입니다.

위르겐 하버마스가 68의 거리에서부터 오늘날의 SNS에 이르기까지 끊임없이 공론장의 문제를 고민한 까닭이 여기에 있고, 마르쿠제와 아도르노가 세계를 바꾸려 하는 제자들의 방법론에 희망을 걸면서도 두려워했던 까닭이 여기에 있을 것입니다. 그리고 홀로코스트라는, 인류 역사상 미증유의 폭력을 겪은 한나 아렌트. 그 한나 아렌트가 하이데거와 벤야민이 그녀에게 남긴 기억을 딛고서 세계를 바꾸기 위한 수단으로 폭력의 역할을 말하는 젊은이들과 끝까지 대

Edward Kimmel[https://flic.kr/p/ssf78R](위)
Heinrich-Böll-Stiftung[https://flic.kr/p/MT3bEV](아래)

톰 헤이든(위)과 다니엘 콩방디(아래). 68혁명의 주역으로 기성세대와 치열하게 맞서던 학생지도자들도 어느덧 노년이 되었다.

화하고자 한 까닭도 여기에 있다고 생각합니다.

67년 '시어터 포 아이디어'에서 아렌트와 논박을 벌였던 수전 손택과 톰 헤이든. 그들 역시 늙고 세상을 떠났습니다. 또한 아렌트의 편지를 받았으며 '꼰대' 마르쿠제를 비꼬았던 다니엘 콩방디도 마찬가지로 노인이 되었죠. '처음과 같이 이제와 항상 영원히' 언젠가는 아이들도 노인이 될 것입니다. 또 아이들은 태어날 것이고, 다시 노인이 되고, 죽을 것이며, 다시 아이들이 태어나겠죠. 하지만 만일 그 모든 것을 단지 무의미한 반복으로 여긴다면, 우리는 세계를 변화시킬 능력도 삶을 살아갈 이유도 상실하게 될 것이라는 점을 다시 한번 되새겨야 한다고 생각합니다.

68혁명에 대한 네 번의 강의를 모두 마치면서, 그 반복의 역사에 차이를 불어넣는 것, 삶과 세계를 맥동하게 할 힘을 불어넣는 것은 바로 지금 이 순간 각자의 절실함을 외면하지 않는 데에 있는 것이 아닐까, 그리고 우리는 다른 그 무엇보다도 그것을 삶의 능력, 또한 혁명의 능력으로 여겨야 할지도 모른다는 말씀을 드리고 싶습니다. 강의는 여기까지입니다. 따라오시느라 수고하셨고, 감사합니다.

찾아보기

【ㅁ】

【ㅇ】

【ㅈ·ㅊ】

【ㅋ·ㅌ·ㅍ】

【ㅎ】